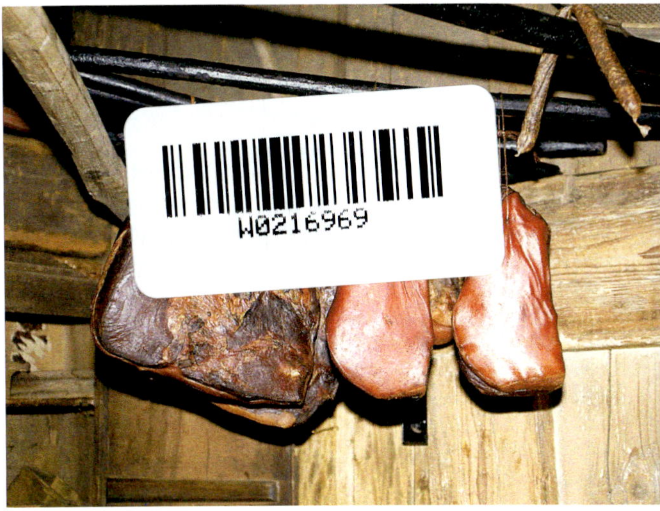

Egon
Binder

Räuchern

Fleisch, Wurst, Fisch

7. Auflage
69 Farbfotos
15 Zeichnungen

Ulmer

Inhalt

Vorwort

Wer auf Küche und Keller etwas hält, kommt kaum vorbei an diesem nahrhaften Hobby: dem Räuchern. Die Anfänge dieser Konservierungstechnik liegen weit zurück, so dass man vergeblich in klugen Lexika nach dem Erfinder des Räucherns suchen wird. Schon die Urväter verstanden es, Fleisch und Fisch im Rauch haltbar zu machen. Und das soll immerhin schon vor 90 000 Jahren gewesen sein.

Noch heute ist das Räuchern ein traditionsreiches Verfahren zum Haltbarmachen von Fleisch und Fisch, das dem Räuchergut zudem einen besonderen Geschmack verleiht. Aber es ist auch zu einem beliebten Hobby geworden. Dabei steht inzwischen die konservierende Wirkung weniger im Vordergrund als vielmehr die besondere Schmackhaftigkeit der Räucherwaren. Eine Hühner- oder Gänsebrust, ein Stück vom Lamm, ein eben geangelter Fisch werden zur köstlichen Delikatesse. Räuchern ist nicht schwierig und auch nicht gesundheitsschädlich, wenn es richtig gemacht wird.

Der Anfänger erhält in diesem Buch Antwort auf alle wichtigen Fragen zu Heiß- und Kalträuchern, zu den Einrichtungen von der einfachen Räuchertonne bis zum perfektionierten Räucherschrank und zur Räucherkammer, zu den geeigneten Hölzern oder Räuchermehlen sowie zur Befeuerung und nicht zuletzt zum Räuchergut: Rezepte für Fleisch, Würste und Fische, Pökeln und Würzen, Einhängen und Einlegen und schließlich das richtige Räuchern.

Das ebenso schöne wie genussreiche Hobby ist bestimmt bezahlbar – und es macht sich auf alle Fälle bezahlt! Wer sich die Mühe macht, scharf zu kalkulieren, der wird das Selbstgeräucherte bald nicht mehr missen wollen. Wer selbst angelt, wer Hühner, Schafe oder Schweine hält, wird im Räuchern eine Bereicherung der Fleischverarbeitung finden. Und wer freut sich nicht, als Geschenk ein Stück vorzüglich und mit viel Liebe geräucherten Schinken oder eine geräucherte Forelle zu erhalten.

Fleisch und Fisch zum Räuchern kann man natürlich auch einfach kaufen. Auch muss man Räuchern, seit es die hochwertigen elektrischen und gasbetriebenen Räucherschränke

gibt, nicht einmal ein Stück Land sein eigen nennen, da es sich selbst auf engstem Raum verwirklichen lässt, wie im Kapitel über die Räuchergerätschaften zu sehen ist.

Räuchern, das bedeutet, echte Spezialitäten selbst herzustellen. Man kann klein beginnen mit weniger als 90 Euro, die man für ein einfaches Räuchergerät ausgeben muss.

Trennen wird man sich dann davon wohl kaum mehr.

Viel Spaß also beim Lesen dieses Buches, bei dessen Erarbeitung ich auch die großen Erfahrungen meiner Freunde einarbeiten durfte, und viel Spaß und Erfolg natürlich vor allem beim Räuchern. Guten Appetit – und wohl bekomm's!

Egon M. Binder

Einführung

Funde archäologischer Ausgrabungen belegen es: Räuchern ist – neben Trocknen und Salzen – das älteste Verfahren zur Haltbarmachung.

Mit anderen Worten: Seit die Menschheit zu feuern versteht, hat man sich auch die Konservierung von Fleisch und Fisch mittels Rauch zu Nutze gemacht.

Im Mittelalter, so eine Beschreibung von 1573 (Heresbachi), gehörte das Räuchern bereits fest zur Lebensgewohnheit: „Manche bewahren die Schinken und übrigen gesalzenen Fleischstücke auch nicht in Tonnen oder Fässern auf, sondern lagern sie auf einem Bretterboden bis zu zehn Tagen. Danach werden sie in einer Fleischkammer aufgehängt, damit sie dem reinen Luftstrom ausgesetzt sind. Wenn sie einige Tage in der Luft waren, werden sie zunächst mit leichtem Rauch und darauf mit stärkerem Rauch geräuchert. Das Fleisch wird wohlschmeckender, wenn es zugleich mit dem Rauch den Zustrom von Luft empfängt. Wird es von Anfang an mit allzu starkem Rauch behandelt, wird es stinkend".

Schinken kann nicht nur ein Genuss für den Gaumen, sondern auch fürs Auge sein.

Wenn auch das Räuchern heutzutage bei der häuslichen Vorratshaltung nur noch selten praktiziert wird, so heißt das nicht, dass es nicht mehr so üblich sei oder Geräuchertes nicht mehr auf den Speiseplänen stände. Nein, das Gegenteil ist der Fall. Von den Fleischprodukten werden in Deutschland immerhin etwa 60 % durch den Rauch nicht nur haltbarer, sondern auch schmackhafter gemacht. Nur: Die Hausräucherung hat sich hin zur gewerblichen Räucherung mit modernsten Technologien verlagert.

Ich durfte diese Kunst bereits sehr früh kennen lernen. Mein Großvater hat sie mir gezeigt, mir später dann als einzigem seine speziellen Räuchergeheimnisse verraten, denn er hütete sie wie einen echten Schatz. In seinem Bauernhaus im Bayerischen Wald waren schon beim Bau vor der Jahrhundertwende die Grundvoraussetzungen für das Räuchern geschaffen worden. Der Kamin war nämlich ein so genannter „Deutscher", also groß genug ausgemauert, so dass sich darin sogar bequem ein Mann bewegen konnte. Im ersten Stockwerk des Hauses hatte der Großvater seine Räucherkammer, die er, vor allem wenn der Besuch des Schornsteinfegers bevorstand, hütete wie seinen Augapfel.

Großvater kannte neben den drei kirchlichen, gleichzeitig köstlich-kulinarischen Hochfesten Weihnachten,

Ostern und Pfingsten noch ein viertes Fest im Jahreslauf: das Schlachtfest. Und das war „zweigeteilt“, denn er schlachtete zweimal im Jahr seine Schweine, nämlich kurz vor Weihnachten den so genannten „Weihnachter“, der Fleisch und Wurst für das Christfest bescherte, und dann zur Faschingszeit ein zweites Schwein, um so Rauchfleisch für die nächsten vier bis fünf Monate zu bekommen. Natürlich wurden von ihm auch Würste zum Erlangen längerer Haltbarkeit in den Kamin gehängt. Doch ganz gleich, was mein Großvater machte, es gelang ihm gut und die Achtung seiner Nachbarn war ihm gewiss.

Die Lust zum Fischräuchern bekam ich erst später, als ich auf verschiedenen in- und ausländischen Speisekarten geräuchertes Forellenfilet und andere geräucherte Fischspezialitäten aus Meer und Fluss kennen lernte. Und was feinen Restaurants gut genug war, sollte mir, der auf dem Lande lebt, auch zu Hause billig sein.

Doch zugegeben: Das Fischräuchern fing ich, ohne mich zuvor ausreichend zu informieren, dilettantisch an. Meiner Vorliebe für englische Feuerungen nachgebend, gönnte ich mir beim Bau meines Hauses auch einen großzügigen offenen Kamin. Dabei hatte ich bereits den Hintergedanken, diesen auch zum Räuchern, zum Heißräuchern natürlich, nutzen zu können. Diese Methode hatte ich mir nach Max und Moritz bei Wilhelm Busch vorgestellt. Als der Kamin gut eingebrannt war, machte ich sogleich einen Versuch. Buchenholz war da, das Feuer brannte gut, der Rauchabzug funktionierte geradezu phantastisch. Ich besorgte mir ein paar fangfrische Forellen, legte diese nach einer Rezeptur ein und stieg mir selbst aufs Dach, um von dort die Fische in den Rauch zu hängen. Das klappte bei ganz kleinen Portionsforellen auch vorzüglich, indem ich sie mit einer Schnur, die ich

In so einem kleinen Räucherofen kann jeder ohne Aufwand eigene Fische räuchern.

Besonders köstlich: hauchdünn aufgeschnittenes Räucherfleisch

hinter den Kiemen zu seiner kleinen Schlinge formte, befestigte.

Die Höhe des Rauchabzugs zwischen der Feuerstelle im Kamin und den am Kamin-Ende eingehängten Fischen betrug etwa sechs Meter. Bei mäßigem Kaminfeuer aus Buchenholz wartete ich an die drei Stunden gespannt auf das Ergebnis. Mit unsicherem Gefühl stieg ich dann erneut aufs Dach, um die Fische aus dem Rauch zu holen: Zu meiner großen Überraschung war das Ergebnis großartig, die erwünschte goldgelbe Farbe war erreicht und auch der rauchige Duft der Fische schlug mir angenehm entgegen. Sehen lassen konnte sich das erste Räuchererergebnis auch beim Servieren. Die Gäste waren davon angetan und lobten meine etwas unorthodoxe Erfindung. Das musste natürlich zur Wiederholung Ansporn sein.

Dem nächsten Besuch wollte ich etwas größere geräucherte Forellen vorsetzen. Ich suchte Exemplare von 500 bis 650 Gramm aus, um sie auf dieselbe Manier in den Rauch zu hängen. Erwartungsvoll stieg ich auch hier nach drei Stunden Räucherzeit wieder aufs Dach, um die Prachtforellen aus dem Rauch zu holen. Doch was musste ich erleben: Als ich sie an dem über den Kaminrand gelegten Holz herausziehen wollte, merkte ich sofort, dass die Forellen unglaublich an Gewicht verloren hatten. Die Enttäuschung war riesengroß, als an den Schnüren nicht etwa goldgelb geräucherte Fische hingen, sondern nur noch ihre Köpfe!

Was war geschehen? Das Gewicht der Fische war zu groß, und so hatte sich beim Garen der Rumpf vom Kopf gelöst – und weg war die schöne Mahlzeit. Doch aus Erfahrung wird man bekanntlich klug.

Räuchern ist eine Passion, die einen nicht mehr loslässt, ja schließlich ein Leben lang begleitet. Und das nicht nur zwischen Meer und Bergen, Fluss und See, sondern über Ländergrenzen hinweg. Hat man einmal damit begonnen und die ersten Rückschläge weggesteckt, geht es einem oft so wie gewieften Kochbuchautoren, die wie Detektive erfahrenen Köchinnen und Köchen in deren Küchen nachgespürt sind, um das letzte Geheimnis erlesener Rezepte zu erfahren.

In unserem (Räucher)Fall werden es die Aal- bis Zanderfischer, die landwirtschaftlichen Selbstvermarkter wie Fleisch-, Wurst- und sogar Käseanbieter sein, die wir interessiert fragen, wie sie denn ihre Spezialität so gut hinbekommen haben. Scheuen Sie sich nicht vor dieser „Betriebsspionage“, denn die Befragten werden sich sogar geehrt fühlen, wenn sie als Meister ihres Faches befragt werden. Sicherlich steckt hinter diesen wohl gehüteten Rezepten viel Lokalpatriotismus, weil natürlich jeder behauptet, sein Räucherfisch, -fleisch und seine Wurst wären das Beste überhaupt. Doch auch andere Länder haben erstklassige Spezialitäten von Rang. Das geht vom Schinken aus den Ardennen bis hin zu den geräucherten Wildschweinwürsten Spaniens über den Schinkenhimmel Norditaliens bis zum Paprika durchsogenen Räucherspeck der Ungarn. Mein Ratschlag zum Schluss: Reisen Sie künftig einfach den Eingebungen Ihres Gaumens nach!

Im Rauch zur Delikatesse

Die Räucherziele

Räuchern erfüllt im Wesentlichen zwei Aufgaben:

1. Die thermische Bearbeitung von Fleisch, Fisch und Wurst mit dem Ziel, den Feuchtigkeitszustand möglichst gleichmäßig zu verändern und dabei auch ein Garwerden des Produktes durch Temperatureinflüsse (Heißräucherung) und auf autolytisch-enzymatischem Wege (Kalträucherung) herbeizuführen.
2. Die rauchtechnische Bearbeitung des Räuchergutes mit dem Zweck, die Appetitlichkeit und Schmackhaftigkeit positiv zu beeinflussen.

Das Ziel der Konservierung ist in der modernen Fleischindustrie zweitrangig geworden, weil es dafür heute zuverlässigere Methoden gibt. Die verlängerte Haltbarkeit des Räuchergutes durch die konservierende Wirkung des Rauches ist aber nach wie vor eine willkommene Eigenschaft.

Räuchern, eine Wissenschaft für sich

Aus der Not heraus, Fleisch und Fisch vor dem raschen Verderb zu bewahren, haben sich Räuchermethoden entwickelt, die nicht nur mikrobenhemmend sind, sondern auch der geschmacklichen Verfeinerung und dem Erhalt der Nährwerte dienen.

Bei dieser uralten Art der Haltbarmachung, die süddeutsch und alpenländisch auch Selchen genannt wird, wirken Gase und Dämpfe unvollständig verbrannter Pflanzenteile, vor allem von getrockneten Hölzern, auf Fleisch, Wurst und Fisch ein, machen sie delikater und auch farblich ansprechender. Fische werden im Rauch goldgelb, Fleisch wechselt seine Farbe äußerlich ins Hellbraune, Dunkelbraune oder Kohlschwarze beim Schwarzgeräucherten. Haltbarmachung ist zwar das ursprüngliche Ziel des Räucherns, die Geschmacksverfeinerung aber ist die eigentliche Kunst und die Krönung des sich durch Erfahrung ständig vermehrenden Wissens.

Überaus ausführlich beschäftigte sich bereits im Jahre 1741 „Zedlers

Aale gehören zu den bekanntesten Räucherfischen: eine goldbraune Delikatesse.

Nicht nur Fleisch und Fisch

Geräuchert werden übrigens auch einige spezielle Käsesorten, zum Beispiel der italienische Scamorza, ja sogar Eier (siehe Rezept Seite 73), Whisky und Bier, wie etwa das Fränkische Rauchbier.

Im Schwarzwald hat das Räuchern eine lange Tradition.

großes Universal-Lexikon" mit dem Thema des Räucherns. In der Einleitung dazu heißt es:

„Räuchern, Selchen, heisset das grüne Fleisch, oder Fische durch untergemachten Rauch trocknen, damit es sich länger halte, und zum verspeisen tauglich bleibe. Alles Mittelfleisch, so nemlich weder allzu jung, noch allzu alt ist, tauget besser, und ist vorträglicher zum Räuchern, als das alte Fleisch, weil dieses, da es an sich selbst schon zähe ist, in der Dürre oder vom Rauche noch zäher wird.

Das Fleisch, welches man räuchern will, pflegt man nur in Wannen und Mulden zu saltzen, und darinnen liegen zu lassen, bis das Saltz zerschlichen ist: nach diesem wird das Fleisch noch etliche Tage mit Saltzwasser begossen, und wenn sich dieses wohl hinein gezogen, hernach in die Feuermauer, Camin, oder Rauchkammer aufgehängt. Die es noch besser machen wollen, zerstoßen Coriandersaamen, und Wacholderbeere gröblich unter einander, wenn sie nun das Fleisch einsaltzen, so streuen sie eine Lage oder Schicht von gedachten zerquetschten Sachen darauf: legen wieder Fleisch und Saltz, und von erst erwehntem Coriander, und Wacholderpulver wieder eine Handvoll darauf. In dieser Beitze wird das Fleisch eine Zeitlang liegen gelassen, und endlich in den Rauch gehängt."

Aber auch ans Fischräuchern wurde in „Zedlers Lexikon" gedacht. Dazu heißt es (Auszug):

„... man kann die Fische auch auf folgende Art räuchern; Nehmet ein sieben oder acht eimerigtes Faß, nur von schlechten Tauben, von weichem Holtz abgebunden; unten darff es keinen Boden haben, denn es muss den Rauch fangen, oben aber eine halbe Spanne vor dem Ende des Fasses, machet inwendig zwey Höltzer Creutzweis über einander, die durch vier Löcher im Fasse stecken, an diese hänget die Fische, die ihr räuchern wolt, laßt auch vier einer starcken Spannen lange Höltzer, quer Finger breit übers Faß oben ausgehen, häfftet solche übers Creutze mit kleinen Nägeln im Faß an, darnach leget den obern Boden, der ein wenig kleiner, als sonst zugerichtet und gemacht seyn muß, ledig auf, und breitet über den Boden und einer Spannen lang über das Faß herunter ein grob leinen Tuch, welches den Rauch halte, daß er nicht ausgehe, und machet über das Tuch zween oder drey ledige Reife, daß sie das Tuch wohl hinan halten, vorhero aber laßt mit Ziegeln ein rundes Mäuerlein aufmauern, nach der Weite des Fasses, ohngefehr einer Spanne hoch, und eines halben Ziegels breit, aber fein gleich, damit das Faß recht darauf stehen kann; das Mäuerlein aber muß nicht um und um ganz seyn, sondern an einem Orte eine Oeffnung haben, daß man daselbst vermodertes und faules Holtz, Späne, Laub oder anders leget, aber keine helle Flamme giebet, damit das Faß nicht brennend werde, hinein schieben könne. Auf dieses Mäuerlein nun setzet das Faß mit dem Orte, wo kein Boden ist, und haltet mit dem Rauche so lange an, bis die Fische genug geräuchert sind."

Die Räuchermethoden: Kalt, Warm und Heiß

Die Klimaunterschiede einzelner Länder und Landstriche haben die Räucherverfahren entscheidend geprägt, wobei die Luftfeuchtigkeit der Küstengebiete einerseits und das kühle Klima der Alpenländer andererseits ganz unterschiedliche Ergebnisse und damit regionale Spezialitäten entstehen ließ. Man unterscheidet zwischen Kalt-, Warm- und Heißräuchern. Das heißt, der Räuchervorgang kann bei unterschiedlichen Temperaturen erfolgen. Daraus ergeben sich auch unterschiedliche Räucherzeiten. Auch die Haltbarkeit der Räucherware ist bei den drei Methoden verschieden.

Kalträuchern

Kalträuchern erfolgt bei Temperaturen zwischen 12 und 24 °C. Eine der wichtigsten Voraussetzungen ist, dass das Räuchergut, bevorzugt Schinken, aber auch Würste, in absolut trockenem Zustand in die Räucherkammer beziehungsweise den Räucherofen gehängt wird und auch die Räuchermittel, also Holz oder Räuchermehl, keine Feuchtigkeit enthalten. Sägemehl soll nicht locker verstreut, sondern besser in einem angepressten Zustand unter das Räuchergut kommen, um so ein Aufflackern des Feuers und damit zu hohe Temperaturen zu vermeiden.

Denn beim Kalträuchern ist es wichtig, dass die Rauchtemperatur keinesfalls 15 bis 30 °C überschreitet und die Luftfeuchtigkeit in der Räucherkammer bei 75 bis 85 % liegt.

Bevorzugt wird diese Räucherart, wie schon gesagt, für Schinken, der dadurch nicht nur die begehrte goldgelbe Farbe bekommt, sondern den appetitanregenden leichten Rauchgeschmack. Ein weiterer Vorteil des Kalträucherns ist Kompaktheit des Räuchergutes. Es wird dabei zur hohen Schnittfestigkeit getrocknet. Beim Kalträuchern wird das Verfahren des Glimmrauches (siehe Raucherzeugung, Seite 24) angewandt. Die erforderliche Räucherzeit beträgt mindestens mehrere Tage, dehnt sich aber bei Schinken bis zu sechs Wochen aus.

Das Räuchergut wird nach dem Pökeln in einem gut abgetrockneten Zustand in den Kamin beziehungsweise Räucherschrank gehängt.

Zwischen den einzelnen Räucherphasen – das Feuer kann bei kalten Temperaturen zeitweise ausgehen – sollte genügend Frischluft zugeführt werden. Kalträuchern in Bauernkaminen wird daher nur in den kühlen Herbst- und Wintermonaten vorgenommen.

Tipp zum Aufstellen

Räucherschränke, die vorwiegend zum Kalträuchern Verwendung finden, sollen in kühlen, jedoch keinesfalls in stickigen oder dämmenden Räumen aufgestellt werden – das wäre der Qualität des Räuchergutes abträglich.

Warmräuchern

Warmräuchern erfolgt bei Temperaturen von 30 bis 50 °C über einen Zeitraum von 2 bis 24 Stunden je nach Räuchergut. Wer auf aromatisch geräucherte Kasseler und Kochrauchschinken abzielt, sollte die Methode des Warmräucherns bevorzugen. Der Rauch wird mit Hartholz erzeugt und darüber werden Buchenholzspäne gestreut. Durch leichtes Anfeuchten der Sägespäne entsteht in der Räucherkammer beziehungsweise im Räucherofen eine Luftfeuchtigkeit von über 80 %.

Warmräuchern ist für Spezialitäten gedacht, deren Verzehr innerhalb kurzer Zeit, höchstens zwei bis drei Wochen, vorgesehen ist. Geräuchert werden auf diese Weise große Brühwürste und Schinken. Geräuchert wird mit Hilfe von Glimmrauch, intensiv, also ohne Verlöschen des Glimmbrandes.

Heißräuchern

Noch kürzer bemessen ist die Räucherzeit und dementsprechend auch die Haltbarkeit beim Heißräuchern. Nur rohe wie gekochte Kasseler und der Kochschinken kommen dafür in Frage. Für Rohschinken ist diese Räuchermethode ungünstig und würde wortwörtlich „ins Verderben" führen. Zur Raucherzeugung kann Hartholz (bevorzugt Buche), aber auch Weichholz (Birke) verbrannt werden; von stark harzenden Hölzern ist abzuraten. Nach dem Pökeln soll das Fleisch mit einem sauberen Tuch gut abgerieben und vielleicht ein paar Stunden in einem luftigen Raum abgehangen werden.

Die Räucherzeit bei Temperaturen von 50 bis 90 °C ist auf eine Zeit von 30 Minuten bis höchstens zwei Stunden beschränkt, um die Zartheit des Fleisches nicht zu gefährden.

Ein zum Kalträuchern gebauter beziehungsweise erworbener Schrank oder eine Räucherkammer darf keinesfalls für diese Räucherart umfunktioniert werden. Ein Heißräucherschrank muss absolut feuersicher sein, da hier nicht nur mit glimmendem Feuerungsgut, sondern mit untersetz-

Eine besonders ursprüngliche Räuchermethode, die obendrein viel Spaß macht, ist das Bereiten von Steckerlfischen.

Die Räuchermethoden

- Kalträuchern: Bei Temperaturen von 12 bis 24 °C wird bis zu sechs Wochen geräuchert. Es wird bevorzugt bei Rohschinken, aber auch bei Würsten angewendet.
- Warmräuchern: Bei Temperaturen von 12 bis 24 °C wird 2 bis 24 Stunden geräuchert. Ist geeignet für Brühwürste, Kasseler und Kochschinken.
- Heißräuchern: Bei Temperaturen von 50 bis 90 °C wird mit Hilfe von Glimmrauch 30 Minuten bis zwei Stunden geräuchert. Man benötigt einen feuerfesten Heißräucherschrank. Ist für rohe und gekochte Kasseler sowie Kochschinken geeignet.
- Feuchträuchern: Bei Temperaturen zwischen 25 und 30 °C wird in der Räucherkammer durch verdunstendes Wasser auch Dampf erzeugt. Wird vor allem bei Rohwürsten angewendet.

ter Flamme (Spiritusflamme, Buchenholzbrand und dergleichen) geräuchert wird.

Feuchträuchern

Beim Hobbyräuchern wird es zwar selten angewandt, aber dennoch soll das Feuchträuchern nicht unerwähnt bleiben. Die Temperaturen sollen hierbei zwischen 25 und 30 °C liegen. In der Räucherkammer wird dabei mittels eines aufgestellten Wasserbehälters nicht nur Rauch, sondern zugleich auch Dampf erzeugt. Dadurch wird die Luftfeuchtigkeit auf etwa 90 % erhöht. Feuchträuchern wird vor allem bei Rohwürsten angewendet, die durch die hohe Luftfeuchtigkeit gleichmäßig reifen, ohne äußerlich zu früh auszutrocknen.

Die „Wahl-Verwandtschaft“: das Lufttrocknen

Eine der wohlschmeckendsten Spezialitäten ist das Luftgetrocknete. Was man aber dazu braucht, ist neben gutem Fleisch oder hervorragend zubereiteten Wurstwaren viel Geduld, sorgsame Überwachung der Temperaturen und nicht zuletzt Pflege des Räuchergutes. Natürlich steht das Lufttrocknen in engem Zusammenhang mit dem Kalträuchern. Zumeist ist es eine Voraussetzung für dessen Gelingen. Doch was wohl am wichtigsten für den Erfolg ist, das ist die nach Regionen unterschiedliche Luftfeuchtigkeit. Die Gefahr des Schimmelns ist natürlich in luftfeuchteren Gebieten größer als in trockenen. Man kennt in Feinschmeckerkreisen geheimnisvolle Rezepte, zum Beispiel für den Parmaschinken, der in einer „Zugluft“ von Meeres- und Landwinden reift. Die letzten Geheimnisse kennen wohl nur jene, die von ihren Vorgängern eingeweiht wurden. Erwähnt werden sollten aber auch das Bündnerfleisch, die köstlichen Schinken aus norddeutschen Gebieten, die Landjäger und Kaminwurzen aus dem Tirolerischen wie aus dem Thüringer

Land, um nur einige wenige Beispiele zu nennen.

Voraussetzung für das Lufttrocknen ist die Nasspökelung und, was den Schinken betrifft, das Einsuren (süddeutsch und österreichisch gesprochen) beziehungsweise das Einlegen in eine entsprechende Lake. Diese Zeit erstreckt sich über drei bis vier Wochen. Gewässert werden sollte dann ebenfalls gründlich, gut einen halben Tag lang. Schinken wie Wurst müssen dann gut abgetrocknet und dort aufhängt werden, wo es an Frischluft nicht mangelt. Zur Starthilfe schalten manche eifrigen Räucherer den Heizlüfter auf eine mittlere Stufe ein, um so trockene Luft zu garantieren.

Die Räuchermittel

Das Lebensmittelgesetz enthält klare Bestimmungen über das Räuchern und seine Verträglichkeit beziehungsweise die Vorbeugung gegen gesundheitliche Risiken. Das fängt bei der Begriffsbestimmung der zulässigen Rauchentwicklung an. Und was für den gewerblichen Bereich zwingend vorgeschrieben ist, sollte auch vom Hobbyräucherer unbedingt befolgt werden.

Frisch entwickelter Rauch aus naturbelassenen Hölzern

Nach dem Gesetz ist der frisch entwickelte Rauch aus naturbelassenen Hölzern und Zweigen, Heidekraut und Nadelholzsamenständen, auch unter Mitverwendung von Gewürzen, zum Räuchern von Lebensmitteln allge-

Das zum Räuchern verwendete Holz sollte mindestens einen Sommer lang zum Trocknen aufgeschichtet werden.

mein zugelassen. Ausgenommen ist das Räuchern mit Wasser, wässrigen Lösungen und anderen Flüssigkeiten als Zusatzstoff.

Der Begriff „aus naturbelassenen Hölzern" schließt alle künstlichen Räuchermittel aus, so zum Beispiel Rauchkondensate (flüssiger Rauch), Räucheressenzen (auch zum Besprengen des Sägemehls), essenzenähnliche Stoffe, Würzrauch (in irreführender Weise oft als „Schnellräucherung" bezeichnet) sowie Räucherfarben (hergestellt durch Räuchern von Wasser, wässrigen Lösungen, Speiseölen).

Verboten beim gewerblichen Betrieb ist nach bundesdeutschem Lebensmittelrecht (mit dem das der Schweiz und Österreichs aber vergleichbar sind) daher die Behandlung (beispielsweise von Sardinen) mit geräuchertem Öl oder mit Holzessig, der eine natürliche Räucherung vortäuschen kann, ohne dass die durch die natürliche Räucherung bewirkte Haltbarkeit erreicht wird, sowie die Verwendung von Harzen, Pech und Torfrauch. Ferner ist die Verwendung von mit Teer behandeltem Holz (z. B. von Bootsresten oder von Holzpfählen sowie von imprägnierten Hölzern, wie Bauholzabfällen, Weidepfählen und Eisenbahnschwellen) verboten. Achtung: Bei der Verbrennung von imprägniertem Holz besteht Krebsgefahr!

Der Begriff „naturbelassen" bezieht sich auch auf Zweige, Heidekraut und Nadelholzsamenstände (Tannen- und Fichtenzapfen). Mit der Zulassung des entwickelten Rauches sind gleichzeitig die mit dem Rauch in die Lebensmittel übertretenden Zusatzstoffe (z. B. Ameisensäure, Formaldehyd) zugelassen; Höchstmengen sind nicht festgesetzt, der Zusatz der Stoffe kann mengenmäßig nicht begrenzt werden. Unerwünschte Rauchteile, die gesundheitliche Bedenken hervorrufen können, entstehen dann, wenn in der Schwelzone des verbrennenden Sägemehls die Raucherzeugungstemperatur 400 °C übersteigt.

Räuchermehl, zumeist aus Hartholzspänen hergestellt, sollte immer in trockenen, gut belüfteten Räumen gelagert werden.

Zu Hartholz und Wacholder geraten wurde bereits auch anno 1741 in „Zedlers großem Universal-Lexikon": „Zum Räuchern des Fleisches ist das Wacholder- und nächst diesem das Tannenreisig am besten, in Ermangelung deren thut aber das eichen Holtz, auch das Eichenlaub, Dienste".

Mit welchem Holz und welchen Spänen gelingt es am besten?

Das Lebensmittelgesetz sagt, wie bereits zitiert, exakt, dass nur frisch entwickelter Rauch aus naturbelassenen Hölzern – bestehend aus 50 % Cellulose und je 25 % Hemicellulose und Lignin –, Zweigen, Heidekraut und Nadelholzsamenständen zum Räuchern geeignet und – für den gewerblichen Bereich – zugelassen ist. Hierunter versteht man in erster Linie Holz und Späne von Eiche, Weißbuche, Erle und Birke. In südlichen Ländern gelten unter anderem auch Mahagoni- und Zedernholz als zum Räuchern empfehlenswert.

Doch nicht überall stand und steht das ideale Räucherholz zur Verfügung. Auf Rauchfleisch und geräucherten Fisch wurde aber dennoch nicht verzichtet. In Kauf nahm – und nimmt man auch heute noch in nadelwaldreichen Mittelgebirgsgegenden und sandbödigen Landstrichen – die Rauchererzeugung unter Beimischung von Weichholzbrand. Bei der Verwendung von Weichholz muss ein stärkeres Rußen einkalkuliert werden. Der Geschmack kann dann durch

Tipps zum Räuchermehl
Räuchermehl (handelsübliches Sägemehl) wird oft – unter Beigabe von Kräutern – als Mischung aus mehreren Hölzern produziert. Räuchermehl sollte keinesfalls in stickigen, sondern in luftdurchfluteten Räumen aufbewahrt werden.

starken Terpentingeruch übertönt werden.

Doch so wie manche Weinliebhaber auf den geharzten griechischen Wein schwören, so sind die Liebhaber von herzhaft Geselchtem geradezu erpicht auf das Schwarzgeräucherte (in Bayern z. B.) aus dem Rauch eines Feuers, das von Tannen und Fichten, Kiefern und Erlen (letzteres Holz auch bei Fischern beliebt) genährt wird. Das schließt Wurzelholz dieser Baumarten, trockener Zustand vorausgesetzt, mit ein. Doch harzendes Holz kann nicht empfohlen werden (siehe Seite 21 und 22). Abzuraten ist auch vom Feuern von Nadelholzzapfen.

Ein anderes Räuchermittel darf nicht unerwähnt bleiben; in moorreichen Gegenden des In- und Auslandes – wer einmal in Irland war, wird dort die besten Erfahrungen gemacht haben – greift man zum Torffeuer, das jedoch bei uns verboten ist. Torf und Heidemoos ergeben durch Katenrauch Räucherspezialitäten mit einem unverkennbaren Geschmack.

Das Wacholdergeräucherte ist im Alpenländischen wie auch in der norddeutschen Tiefebene nach wie vor eine Besonderheit. Unverkennbar ist es vor allem deshalb, weil Wacholderbeeren nicht nur beim „Einbalsamieren" des Schinkens Verwendung finden, sondern weil man auch noch Wacholderreisig in die Glut gibt.

Räuchern ist Vertrauenssache, ganz gleich, ob bei Fisch, Fleisch oder Wurst. Schon ein unbedacht in das Feuer geworfenes Stück Holz, das gebeizt oder lackiert ist, ein Stück Hart- oder Spanplatte, nicht zu reden von Kunststoff, Gummi und dergleichen, kann nicht nur den Geschmack ein für allemal verderben, sondern schließt gesundheitliche Schäden nicht aus. Das „Nachlegen" von Brennmaterial sollte man deshalb entweder selbst vornehmen oder nur gewissenhaften Personen überlassen.

Entstehung und Zusammensetzung von Räucherrauch

Räucherrauch entsteht in zwei Phasen. Durch die Verbrennung (Pyrolyse) werden die Holzbestandteile, Zellulose, Hemizellulose und Lignin, thermisch abgebaut und durch Oxidation unter Luftzufuhr zu anderen Stoffen umgebaut.
Aus Zellulose entsteht bei der Pyrolyse Glukose. Daraus entstehen in der Folge Essigsäure und Furane. Hemizellulose wird in Furanderivate und aliphatische Carbonsäuren abgebaut, und aus Lignin entstehen vor allem Phenole. Bei der Pyrolyse von Holz entstehen außerdem Teerstoffe.

Je nach Temperatur, Luftmenge und Holzart können unterschiedliche Stoffe in unterschiedlichen Mengen entstehen. Bei zu hohen Temperaturen (über

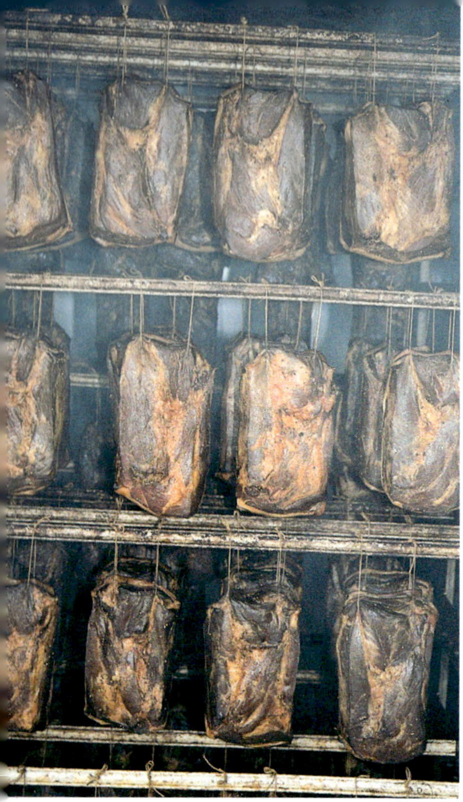

So richtig zum Reinbeißen: in Wochen gereifter Schinken, der nach vielerlei Rezepten zubereitet und geräuchert werden kann.

400 °C) entstehen polycyclische Kohlenwasserstoffe, die als Krebs erregend gelten.

Die aus dem glimmenden Holz entstehenden Abbauprodukte werden als Rauch erkennbar. Rauch besteht aus zwei Gruppen von Stoffen: aus gasförmigen und festen beziehungsweise flüssigen. Die flüchtigen, gasförmigen und nicht sichtbaren Stoffe bestehen aus Phenolen, organischen Säuren und Carbonylen. Was im Rauch sichtbar ist, sind nichtflüchtige, feste oder flüssige Partikel von Teer, Harzen, Asche und Ruß. Die Zusammensetzung und das Verhältnis der gasförmigen und partikulären Stoffe ist abhängig von der Luftzufuhr, dem Wasserdampfgehalt der Luft, der Glimmtemperatur und der Temperatur in der Rauchkammer. Im Kaltrauch ist der Anteil der partikulären Stoffe höher als im Heißrauch.

Raucherzeugung

Es gibt verschiedene Verfahren zur Raucherzeugung. Dabei entstehen, wie aus dem vorab bereits gesagten verständlich, unterschiedliche Rauchqualitäten. Für die Hobbyräucherei wird fast ausschließlich Glimmrauch erzeugt.

Glimmrauch

Sägespäne werden mit Hilfe von Feuer, Heizdraht oder Gasflamme unter gedrosselter Luftzufuhr verglüht.

Friktionsrauch

Holzstücke werden mit konstantem Druck gegen einen sich schnell drehenden Rotor gepresst. Dabei entsteht eine Flamme und nur wenige Teerstoffe werden gebildet. Friktionsrauch findet nur Anwendung im gewerblichen Bereich.

Dampfrauch

Er entsteht, indem während der Pyrolyse ein auf 300 °C erhitztes Dampf-Luft-Gemisch auf die Holzspäne „gedüst" wird.

Fluidisationsrauch

Hierbei bewirkt ein Reaktor mit einem Temperaturvolumen von 300 bis 400 °C die Pyrolyse von Sägespänen.

Schwelrauch

Sägespäne werden unter hohem Druck und bei geringer Luftzufuhr mittels elektrischer Direktbeheizung auf 300 bis 400 °C zum Glimmen gebracht.

Katenrauch

Katenrauch entsteht bei der Verbrennung von Torf und Heidemoos. Dadurch entsteht ein rußiger Belag des Räuchergutes, vor allem aber ein überaus starker Rauchgeschmack. Doch weil damit die Gefahr des Vorkommens von polycyclischen aromatischen Kohlenwasserstoffen heraufbeschworen wird, ist diese Art der Räucherung im gewerblichen Bereich verboten, also auch dem Hobbyräucherer deshalb nicht zu empfehlen.

Unvergleichlich ist das Aroma, das der Rauch bei Forellen bewirkt.

Was der Rauch bewirkt

Der Glimmrauch, der durch langsam abbrennende, verglimmende Hölzer erzeugt wird, entsteht während der thermischen Pyrolyse des Holzes (pyrolytischer Abbau des Holzes) und der Sekundärreaktion der Pyrolyseprodukte. Beim gleichmäßigen Ansteigen durch äußere Erwärmung steigt und sinkt die Innentemperatur des Holzes wellenförmig. Während dieser Phase entstehen verschiedene Gase und Flüssigkeiten (Rauch); als Rückstand bleibt Holzkohle. Als flüchtige organische Verbindung werden etwa 20 bis 25 % der Holzsubstanz freigesetzt. Je nach Höhe des Wassergehalts wird etwa die Hälfte des Holzes zu Rauchgasen entwickelt. Die ideale Glimmtemperatur schwankt zwischen 200 und 600 °C.

Durch den Vorgang des Räucherns erfährt das Räuchergut einige Veränderungen, die seine spezifischen Qualitäten ausmachen und die regional oft ganz unterschiedlich sind.

Das Raucharoma

Der besondere Geschmack ist beim Hobbyräuchern das wichtigste Ziel. Der Rauchgeschmack entsteht aus einer Kombination von Raucharoma aus den Rauchbestandteilen und Bestandteilen des Räuchergutes. Daran sind vor allem Phenole beteiligt sowie Proteine im Räuchergut, die mit Carbonsäuren des Rauches reagieren.

Die Räucherfarbe

Beim Räuchern verändert sich die Farbe des Räuchergutes. Die je nach Art des Räuchergutes typische Farbe ist unterschiedlich: gelb bis goldgelb oder goldbraun bei Fischen, rötlich braun bis schwarz bei Schinken. Die Farbveränderung ist auf farbgebende Stoffe im Rauch und auf chemische Reaktionen des Rauches mit dem Räuchergut zurückzuführen.

Schwarze Räucherfarbe ist auf harzreiche Hölzer zurückzuführen. Wegen der möglicherweise hohen Gehalte an polycyclischen aromatischen Kohlenwasserstoffen ist vom Schwarzräuchern abzuraten (siehe Seite 64). Dennoch wird in Altbayern gerade an dieser Methode seit Generationen festgehalten. Nur: vor dem Verzehr erfährt das Räuchergut eine Säuberung von Rußrückständen.

Die Haltbarkeit

Die im Rauch enthaltenen Phenole, Säuren, Formaldehyd und Kreosot haben eine keimhemmende Wirkung auf das Räuchergut. Die konservierende Wirkung ist am stärksten an der Oberfläche. Beim Garen beziehungsweise Erhitzen der Räucherware koaguliert das Eiweiß, das heißt, es flockt aus. Damit wird das Eindringen der Rauchstoffe ins Innere verhindert. Dies ist einer der Gründe, warum beispielsweise Kochschinken weniger haltbar ist als roh geräucherter.

Ranzigwerden verlangsamt

Einige Rauchbestandteile verhindern oder hemmen die Fettoxidation der Räucherware, also das Ranzigwerden, und zwar vornehmlich beim Kalträuchern, was ebenfalls zur Verlängerung der Schmackhaftigkeit beiträgt.

Rauch wirkt auch härtend

Eine härtende und gerbende Wirkung des Rauches ist auf Formaldehyd und höhere Aldehyde zurückzuführen. Eiweiß wird dadurch unter gleichzeitiger Abspaltung von Wasser vernetzt. Diese Vorgänge spielen vor allem beim Räuchern von Würsten in Naturdärmen eine wichtige Rolle.

Wie gesund ist Geräuchertes?

Es wurde bereits viel darüber geschrieben und geredet, vieles dabei falsch interpretiert. Ängste werden geschürt: Rauchfleisch soll gesundheitsschädlich sein.

Der Rauch wird bekanntermaßen durch das unvollständige Verbrennen oder Verschmelzen von Holz oder

Pflanzenteilen erzeugt. Doch hierbei kommt es auf das „Wie" an. Wird nämlich mit zu hohen Temperaturen gearbeitet oder mit ungeeigneten Räuchermitteln, nehmen im Rauch die polycyclischen aromatischen Kohlenwasserstoffe zu. Eine zu hohe Dosis dieser Stoffe wird für Krebs erregend gehalten. Doch zum Räuchern ist eine gewisse „Portion" an Phenolen zur Geschmacksanreicherung, zum Konservieren und nicht zuletzt für die Färbung notwendig, was andererseits eben eine entsprechende Verbrennungstemperatur bedingt. Faustregel sollte sein, dass die Verbrennungs- beziehungsweise Verglimmungstemperatur 500 bis 600 °C keinesfalls übersteigen sollte.

Im Lehrbuch des schweizerischen Metzgerhandwerks wird empfohlen: „Damit diese Verglimmungstemperatur ungefähr eingehalten werden kann, soll das Räuchermaterial angefeuchtet und die Sauerstoffzufuhr während des Räucherprozesses auf ein Minimum beschränkt werden.

Durch Holzauswahl, kontrollierte Steuerung der Glimmtemperaturen und andere Maßnahmen technischer Art lässt sich die Konzentration gesundheitlich bedenklicher Stoffe drastisch reduzieren. Als Leitsubstanz für polycyclische aromatische Kohlenwasserstoffe mit kanzerogenen Eigenschaften wird 3,4 Benzpyren herangezogen. Der durchschnittliche Gehalt eines geräucherten Fleisch- oder Käseerzeugnisses an 3,4 Benzpyren darf 1 Kilogramm (1 ppb) nicht überschreiten."

In den „Wissenschaftlichen Arbeitspapieren" der Deutschen Forschungsgemeinschaft (Senatskommission zur Prüfung von Lebensmittelzusatz- und -inhaltsstoffen) steht dazu Folgendes:

„In intensives Kreuzfeuer der Kritik geriet die Räucherung, nachdem sowohl im Rauch als auch in den geräucherten Lebensmitteln Krebs erregende Verbindungen gefunden wurden. Diese gehören der Gruppe der polycyclischen aromatischen Kohlenwasserstoffe (PAK) an.

Die systematischen Untersuchungen bewiesen, dass die Räucherung technologisch so führbar ist, dass keine höhere Kontamination an Benzo(a)pyren als 1 µg/kg (ppb) erfolgt. Das Benzo(a)pyren selbst dient nur als leicht nachweisbare Leitsubstanz zur Beurteilung der angewandten Räuchertechnologie. Die Gesamtmenge der kanzerogenen Polycyclen beträgt

Stimmen Rauchtemperatur und Rauchzusammensetzung, so kann das Räuchergut ohne Bedenken genossen werden.

bei 1 µg/kg Benzo(a)pyrengehalt etwa 10 µg/kg. Auf Grund dieser Arbeiten wurde von dem Gesetzgeber 1973 im Rahmen der Fleisch-VO ein Höchstgehalt von 1 µg/kg (ppb) Benzo(a)pyren in allen geräucherten Fleischerzeugnissen vorgeschrieben. Diese Regelung hat sich bewährt und wurde auch von anderen Ländern übernommen oder als gesetzliche Grundlage vorgeschlagen.

Damit soll nicht ausgedrückt werden, dass die Einhaltung des 1-ppb-Grenzwertes problemlos ist. Etwa 20 % der Fleischerzeugnisse weisen höhere Gehalte auf. Nur bei Einhaltung geeigneter technologischer Maßnahmen, die besonders den Raucherzeuger betreffen, kann eine erhöhte Kontamination mit Krebs erregenden Polycyclen vermieden werden. Dieselbe Regelung konnte auch für geräucherten Käse eingeführt werden, dagegen wurde bei der Räucherung von Fischen eine höhere Kontamination beobachtet. Als Ursache dafür wird die bevorzugte Anwendung von primitiven Räucheröfen in der Fischindustrie genannt."

Verboten, weil gesundheitsgefährdend

Vom Gesetzgeber dem Gewerbetreibenden verboten, daher auch im privaten Bereich nicht zu empfehlen, sind Heizmaterialien wie Steinkohle, Torf und Acetylen. Unzulässig sind auch Räucherflüssigkeiten, Kondensate von Rauch oder geräucherte Flüssigkeiten, die zum Übertragen von Raucharoma auf Lebensmittel, insbesondere Fleischwaren, dienen sollen, sowie Räucherpräparate, das sind durch Kondensation von Rauch oder Räuchern von Flüssigkeiten, Salzen und Gewürzen entstandene Präparate zum Übertragen von Räucheraroma auf Lebensmittel.

In dem Kommentar von Professor Walter Zipfel zum Lebensmittelrecht heißt es zu weiteren Verboten unter anderem:

„Das Verbot des Zusatzes von Rauchbestandteilen über Nitritpökelsalz und Flüssigkeiten (Wasser, wässrige Lösungen, Speiseöle und andere Flüssigkeiten sowie daraus hergestellte Produkte) erfolgte aus gesundheitlichen Bedenken einerseits hinsichtlich der Zufuhr nitrosierbarer Substanzen (Nitrosophenole) und andererseits im Blick auf derzeit nicht übersehbare Reaktionen von Rauchbestandteilen in

Flüssigkeiten. Somit sind sowohl die Verwendung von Pökellaken mit eingeleitetem Rauch beziehungsweise zugegebenen Räuchersalzen/-zuckern, die aus geräucherten Salz- oder Zuckerlösungen beziehungsweise Gewürzextrakten (letztere wiederum aus geräucherten Gewürzen), hergestellt wurden sowie die Anwendung von Rauchkondensaten verboten. Zwar können auch Rauchkondensate so hergestellt werden, dass die für eine Aromatisierung, Konservierung und Farbgebung erwünschten Bestandteile des Räucherrauches in der erforderlichen Konzentration vorliegen, dagegen die nach derzeitigem Erkenntnisstand gesundheitlichen Bedenken nicht mehr vorhanden sind. Der Verordnungsgeber hat sich dennoch der Empfehlung der Expertengruppe „Aromastoffe" des Europarates angeschlossen, nach der Rauchkondensate nur dann zugelassen werden sollten, wenn zu jedem Einzelpräparat ausreichende Informationen über die Herstellung, qualitative Zusammensetzungen, Toxizität, Anwendungsmenge und Analysenmethoden vorgelegt werden."

Doch dass es hierfür europaweit einer Ausnahmegenehmigung bedarf, sollte Grund genug sein, die Finger davon zu lassen.

Einflüsse auf die ernährungsphysiologische Wertigkeit

Erwünschte Effekte der Räucherung, wie Farb- und Aromabildung beziehungsweise Ausbildung der sekundären Haut, beruhen mehr oder weniger auf Reaktionen der Rauchbestandteile mit Inhaltsstoffen der Lebensmittel. Sie können aber auch zur Verminderung der ernährungsphysiologischen Nährwerte führen, stellten Untersuchungen der Deutschen Forschungsgesellschaft fest.

Die auffälligste Veränderung des Substrates erfolgt durch Carbonyl-Protein-Reaktionen, also Farbbildung und Ausbildung der sekundären Haut. Von mit Formaldehyd behandeltem Kollagen ist bekannt, dass es im Magen unverdaulich ist, von den Enzymen des Darmtraktes dagegen angegriffen wird. Somit ist eine Minderung der kalorischen Wertigkeit geräucherter Lebensmittel nicht anzunehmen.

„Über den Einfluss des Räucherrauches auf die Vitamine des Fleisches scheint noch nichts bekannt zu sein. Hier wäre vor allem die Gruppe der B-Vitamine von Interesse, da bei unseren derzeitigen Verzehrsgewohnheiten das Fleisch zu den wichtigsten B-Vitamin-Quellen gehört", heißt es in einer Beurteilung der Deutschen Forschungsgemeinschaft.

Warum schwer verdaulich?

Stark geräucherte Fleischwaren galten bereits im Mittelalter als schwer verdaulich. Dabei dürfte die während einer intensiven Räucherung stattfindende starke Abtrocknung eine wichtigere Rolle als die Räucherung selbst spielen. Dagegen wird die biologische Wertigkeit des Fleisches während der Räucherung eindeutig herabgesetzt.

Vom Räucherofen bis zur Räucherkammer

Ein Räuchergerät – ganz gleich, ob es sich um einen einfachen Eigenbau oder um ein aufwändiges Gerät für größere Mengen von Räuchergut handelt – besteht grundsätzlich aus vier Teilen, die technisch mehr oder weniger ausgefeilt sein können.

1. Das Gehäuse, in dem das Räuchergut liegt oder hängt und von Rauch und aufsteigender Wärme umgeben wird.

Große Räucherschränke aus Stahl sind mit einer elektronischen Überwachung des Räuchervorgangs ausgestattet, was gleich bleibende Qualität garantiert.

2. Rost oder Stäbe und Haken, die das Räuchergut tragen, meist mit darunter angebrachter Fettauffangschale.
3. Der Behälter für das Räuchermehl oder die Räucherspäne.
4. Die Wärmequelle, die das Räuchermehl zum Schwelen bringt.

Wärme kann durch Spiritus, durch Gas oder elektrisch erzeugt werden.

Wer nicht in der glücklichen Lage ist, sein Eigenheim oder einen Bauernhof mit einer speziellen Räucherkammer ausstatten zu können, muss jedoch keinesfalls auf das nahrhafte Hobby und die Selbstversorgung durch das Räuchern verzichten. Räucheröfen gibt es als Kleingeräte zum Mitnehmen in Camping- oder Angelabteilungen von Sportgeschäften sowie in Haushaltswarengeschäften zu kaufen und, was die höheren Ansprüche betrifft, als Schränke zu ordern (siehe Bezugsquellen Seite 115).

Kleinräuchergeräte für Garten, Camping und am Fischwasser

Geräte mit Spiritusbrenner

Diese Heißräuchergeräte sind feueremailliert und mit Grillrosten sowie einem hitzebeständigen Aluminiumdeckel ausgestattet oder aus Edelstahl hergestellt. Der Sockel nimmt das Brennergestell mit Brennerschalen auf. Dazu mitgeliefert werden zwei Tropfbleche zum Abdecken der Mulden für das Räuchermehl. Die Brennerdosen werden mit Spiritus oder einer speziellen Feuerpaste gefüllt. Und dazu gibt es feines Räuchermehl.

Die Bedienung dieser Geräte ist bei allen Fabrikaten ähnlich und funktioniert im Allgemeinen so: Das Gerät wird geöffnet, dann streut man einige Esslöffel Räuchermehl in die Mulden des Räucherbehälters und deckt sie mit den Tropfblechen ab. Die Füße der Tropfbleche weisen dabei nach unten, damit der trockene, aromatische Rauch aus den Mulden entweichen kann. Hierdurch wird ein gleichmäßiges Räuchern und ein zarter Geschmack erzielt. Man kann je nach Menge des Räuchergutes (Fisch, Wild, etc.) entweder auf einem oder zwei Rosten räuchern.

Diese werden übereinander mit dem Räuchergut bestückt eingesetzt. Wenn man Saft zur Saucenzubereitung auffangen möchte, legt man auf den untersten Rost vor Einlegen der vorbereiteten Fische die Saftschale. Dann schließt man den Behälter mit dem Deckel und sichert den Deckel mit den entsprechenden Verschlüssen. Anschließend werden die Brennerdosen mit Spiritus oder Brennpaste gefüllt. Dann entzündet man den Spiritus beziehungsweise die Brennpaste und stellt den Behälter auf das Brennergestell. Dieses soll nicht auf losem Boden stehen, da es sonst einsinkt und der Brenner zu wenig Luft bekommt. Weil sie leicht sind, sind diese Geräte für Fischer und Camper ideal.

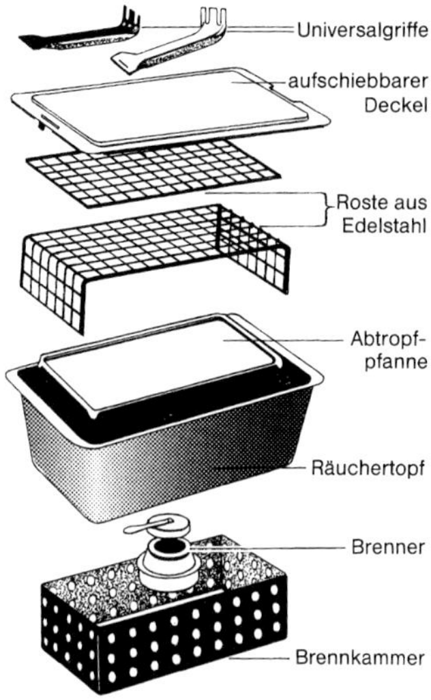

Schnell, sauber und einfach in der Handhabung ist dieses Kleingerät für Angler und Camper.

Kleinräuchergeräte mit Elektroheizung

Zum Schnellräuchern (Heißräuchern) bestens geeignet, vor allem für Fische, sind Elektrogeräte. Bei diesen Geräten dient die eingebaute Heizspirale der Rauchentwicklung und der Garraum wird mit zusätzlichen Heizschlangen erhitzt. Ein eingebauter Thermostat (nur bei einigen Modellen) sorgt für gleichmäßige Temperaturen. Verschiedene Gerätegrößen optimieren die Räuchermengen. Zur Raucherzeugung wird reines, sehr feines gemahlenes Sägemehl, in erster Linie Buche, verwendet, aber auch andere Hölzer wie Birke, Esche, Erle, Ahorn und deren Mischungen sind als Räuchermehl im Handel.

Praktisch für den Betrieb in der Küche ist diese Kleingerät mit Elektroanschluss.

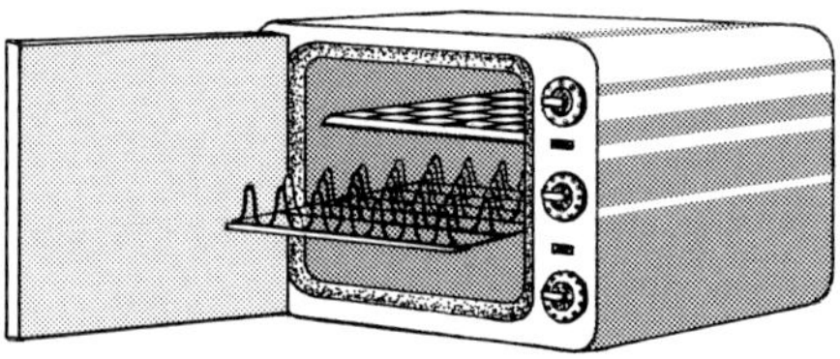

Ein geräumiges und durch Thermostat und Zeitschaltuhr perfektioniertes Gerät von Mirella.

Unten: Dieser mehrteilige Forellenräucherofen wird auf einen Elektrorechaud aufgesetzt.

Je nach Modell und Hersteller haben manche dieser Geräte auch eine Zeitschaltuhr und, je nach Größe, einen oder mehrere Einschieberoste für das Räuchergut.

Die Handhabung ist sehr einfach: Das Gerät wird kurz vorgeheizt, die Auffangschale sowie die Roste mit Räuchergut werden eingeschoben, das Pfännchen mit dem Spezial-Räuchermehl auf die Heizspirale gestellt, das Gerät geschlossen, die Heizspirale eingeschaltet, die Zeitschaltuhr eingestellt – fertig. Bei Temperaturen zwischen 170 und 200 °C (Heißräuchern) rechnet man bei Forellen und Makrelen eine Räucherzeit von höchstens 20 Minuten, bei Karpfen 50 bis 60 Minuten, bei Heringen bei einer Temperatur von 80 bis 90 °C zwei Stunden, um nur einige Beispiele zu nennen.

Räuchertonnen für Fische

Speziell für das Räuchern von Fischen gibt es Räuchertonnen, die wahlweise mit einem Elektrorechaud oder mit ei-

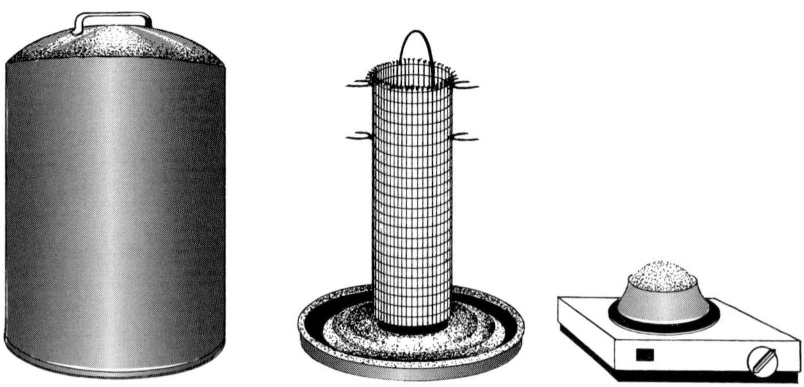

So wird der Forellenräucherofen von der Zeichnung auf Seite 32 unten zusammengesetzt.

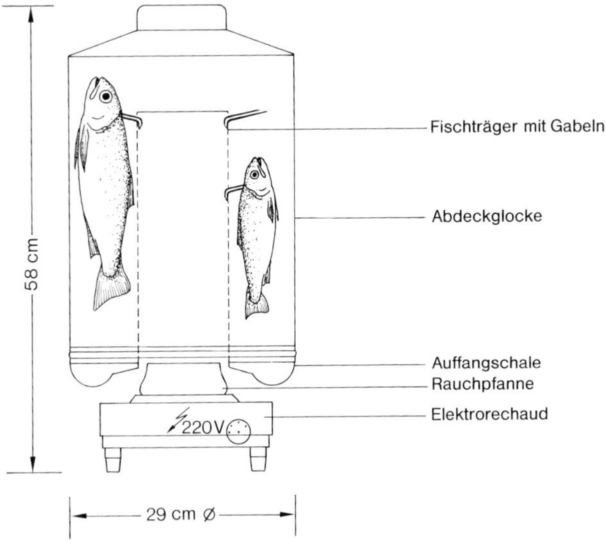

nem Gas- oder Spiritusbrenner heizbar sind. Die Fische werden senkrecht an ein Rundgitter gehängt und mit Gabeln gehalten. Das Gitter wird auf einen Behälter mit dem Räuchermehl gesetzt und mit einer tonnenförmigen Stahlglocke abgedeckt (siehe Abb. Seite 32).

Andere Kleingeräte, die sich ebenfalls für zu Hause wie für unterwegs eignen, werden von oben beschickt und mit einem Deckel verschlossen. Das Räuchergut wird an Haken eingehängt. Am Fuß der Tonne befindet sich ein Schubfach für Räucherspäne, die wahlweise mit einem Spiritusrechaud oder mit einem Campinggaskocher erhitzt werden. Diese Tonnen sind, je nach Modell, entweder durch Teleskopauszüge oder durch Aufsatzringe in der Höhe verstellbar.

Räuchereinrichtungen in Eigenbau

Benötigt man für das Fleisch- und Wursträuchern einen einigermaßen massiv konstruierten Räucherschrank, wie in den nachfolgenden Kapiteln ausführlich beschrieben, tut's zum Fischeräuchern auch ein Kleingerät oder

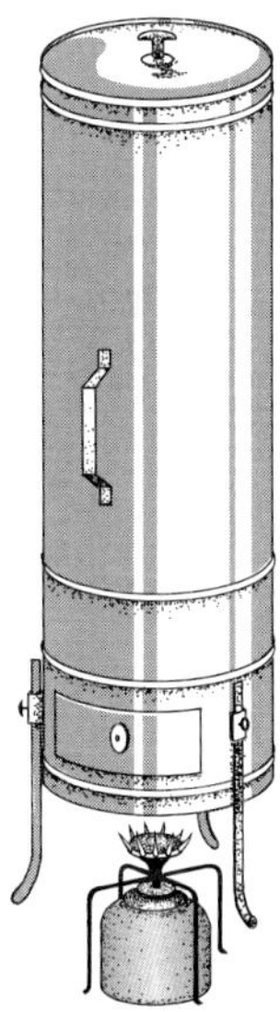

Eine Platz sparende Räuchertonne für draußen. Durch Feuerung mit Camping-Gas ist sie überall einsatzfähig.

sogar ein selbst gebauter Räucherofen. Letzterer kann aus einer ausgedienten Tonne oder aus einem Stück Stahlrohr von 1,20 bis 1,50 m Länge angefertigt werden. Der Durchmesser sollte etwa 30 bis 40 cm betragen.

Der Fassboden wird entfernt und für die Aufnahme der Räucherspäne am Rand aufgebogen. Das Rohr erhält einen schalenartigen Einsatz, auf den die Holzspäne gestreut werden. Darunter wird aus Ziegelsteinen ein Sockel gesetzt, der für die Feuerung einen Platz von etwa 50 cm Länge,

Links: Eine Klappe an der Räuchertonne erlaubt problemloses Nachlegen von Räucherspänen.

Unten: Geradezu ideal: Gewindestangen lassen sich gut in die Fassrillen als Aufhängevorrichtungen einpassen.

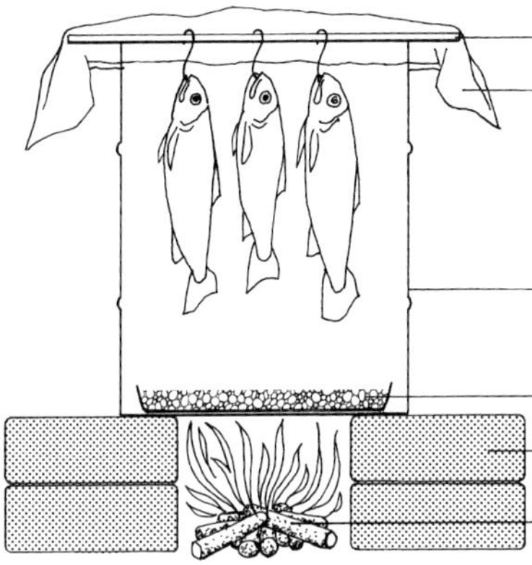

Einfach und ohne große Kosten kann diese Räuchertonne gebaut werden.

Breite und Tiefe bietet. Diese Maße sind als Mindestmaße für Räuchertonnen zu verstehen, während man bei der Rohrräucherung den Platz dem Durchmesser entsprechend anpassen muss. Das Räuchergut wird an Haken auf Querstäben eingehängt.

In norddeutschen Gebieten sieht man es auch, dass alte Holzfässer, deren beide Böden entfernt wurden, für die Fischräucherung verwendet werden. Der untere Boden wurde ebenfalls wie bei der Tonne herausgenommen und meist durch ein feuerbeständiges Draht- oder Eisengeflecht ersetzt. Die Raucherzeugung erfolgt hier direkt, das heißt Räucherspäne und mögliche Gewürze werden unmittelbar aufs Feuerholz im Steinsockel gestreut. Die Fische werden dann von oben her an Räucherstangen aufgehängt.

Um den Rauch im Fass zu halten und die Belüftung zu regulieren, wird in der Regel ein Stück Sackleinen darüber gebreitet (siehe Abb. oben).

Gartengrill als Räucherofen

Ohne größere Umbauten lässt sich ein gemauerter Gartengrill mit wenig Mühe in einen Räucherofen verwandeln (siehe Abb. Seite 36). Über die Ummauerung der Feuerstelle muss nur ein Rost oder ein Stahlgeflecht gelegt werden. Darauf schichtet man sauber gewaschene, etwas größere Kieselsteine, die für die Rauchfilterung und zur Hitzedämpfung geradezu ideal sind.

Über die Kieselschicht wird dann eine aus Baustahl geschweißte Aufhängevorrichtung gestellt, in die man die Fische zum Räuchern einhängt. Die Temperatur kann mittels der Stärke der Kieselschicht ideal geregelt werden, ganz gleich ob man mit Buchen- oder Erlenholz beziehungsweise

Nutzen Sie Ihren Gartengrill zum Heißräuchern von Fischen! Einfacher geht es kaum.

mit Sägespänen räuchert. Von Kalt- bis Heißräuchern ist alles möglich.

Räucherschränke

Wer hauptsächlich Würste und Fleisch räuchern möchte, kommt mit den bisher beschriebenen Kleingeräten, die sich meist nur zum Heißräuchern eignen, auf die Dauer nicht aus; er benötigt einen Räucherschrank.

Für jeden, der größere Mengen räuchern möchte, wird sich eine solche Investition allemal lohnen, hält doch ein verzinkter Kalträucherschrank eine, wenn nicht sogar zwei Generationen. Man sollte ihn aber in einem trockenen und kühlen Raum aufstellen.

Die handelsüblichen Schränke sind so ausgelegt, dass man gut und gern ein halbes Schwein auf einmal darin räuchern kann. Dies sind Schränke mit Aschenkasten, Feuerungsstelle, Rauchverteilerblech sowie Fettabtropfblech

Räucherofen im Freien

Wer im Haus keinen Platz für den kaum einen Quadratmeter beanspruchenden Räucherofen hat, kann ihn auch an einer geschützten Stelle im Garten aufstellen und, um Rauch- und Geruchsbelästigung zu vermeiden, die Abluft über ein langes Ofenrohr nach oben leiten.

im unteren Bereich. Die oberen zwei Drittel enthalten die Einhängvorrichtungen. Bei allen Fragen, die die Aufstellung eines Räucherofens und die feuerpolizeilichen Vorschriften betreffen, helfen die Bezirkskaminkehrermeister und die Bauverwaltungen in Stadt und Gemeinde, die Auskunft über Vorschriften geben können.

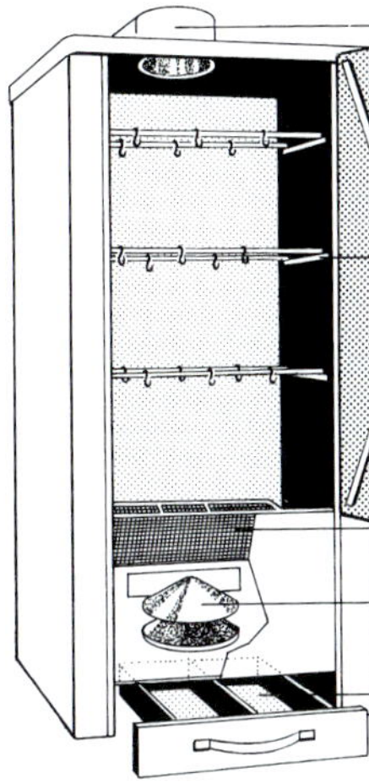

Ein Räucherschrank, der überall Platz findet, wo ein Kaminanschluss vorhanden ist.

Rund zwei Dutzend Firmen in Deutschland und vielleicht ebenso viele in der Schweiz und in Österreich bieten Räucherschränke für das perfekte wie problemlose Kalträuchern an. Der Vorteil dieser Stahlblecherzeugnisse liegt auf der Hand: die Modelle sind Platz sparend und als eine nicht allzu teuere Investition im Handel erhältlich (siehe Bezugsquellenverzeichnis Seite 115). So hat ein Räucherschrank mit einem Inhaltsvermögen von rund 700 Litern (das entspricht etwa einem Schlachtfleischgewicht von 175 kg) einen Platzbedarf von nur 90 x 160 cm.

Die Aufstellung muss auf einem feuerfesten Boden, also Beton oder Fliesen, geschehen und zwar in einem trockenen, kühlen und keinesfalls stickigen Raum. Vorhanden sein muss ein gut abziehender Schornstein, wobei das Anschlussrohr zum Schornstein leicht schräg ansteigen soll. Wichtig ist, dass man vor dem ersten Räucherversuch den neuen Schrank gut drei

Ideal zum Aufstellen im Garten oder am Fischwasser: Ein aus Stahlblechen zusammengeschweißter Räucherschrank für Fleisch, Würste und Fische.

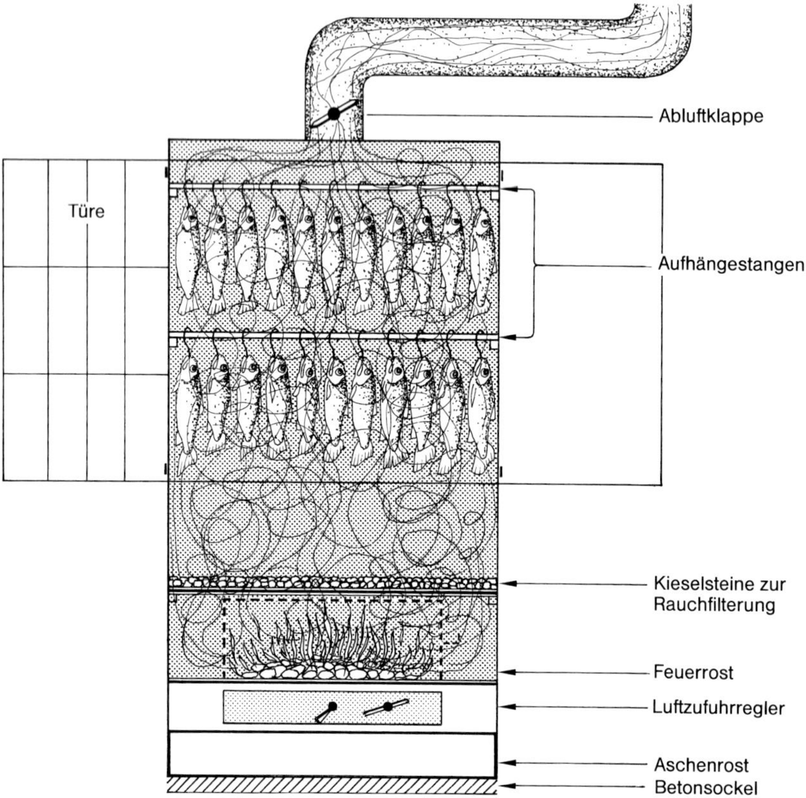

Schemazeichnung für den Bau eines Räucherschranks für Fisch, aber auch für Fleisch und Würste.

Tage ohne Inhalt, das heißt ohne Fleisch, Fisch und Wurst, sozusagen einräuchert, damit er den Rauchgeruch annimmt.

Das Räuchergut darf nur in gut getrocknetem Zustand in den Schrank eingehängt werden. Es soll auch nicht zu dicht nebeneinander geschichtet werden, damit es sich nicht berührt. Die meisten Kalträucherschränke werden mit Sägemehl betrieben. Das Sägemehl kann mit Grillanzündern oder Trockenspiritus, aber auch mit Wachspapier angezündet werden und zwar bereits bevor Fleisch, Fisch und Wurst eingehängt werden.

Das Sägemehl darf keinesfalls brennen, sondern nur glimmen. Bei den meisten Räucherschränken kommt man mit einer Sägemehlfüllung für fünf bis acht Stunden aus. Für Pökelfleisch genügt es zum Beispiel bei ei-

Räucherschrank aus hochwertigem Edelstahl mit guter Isolierung.

nem handelsüblichen Räucherschrank, wenn einmal am Tag eine Schublade mit Sägemehl gefüllt wird. Im Anschluss daran soll das gepökelte, eingehängte Fleisch bis zum nächsten Tag auskühlen. Beim Räuchern von Wurst wird ein kürzeres Intervall vorgeschlagen.

Bei der Anschaffung von Räucherschränken aus Edelstahl hat man eine Investition fürs Leben getan.

Vorteile gut isolierter Räucherschränke

Besonderen Wert legen Hersteller auf die Zerlegbarkeit der Schränke, damit sie leichter an schwer zugänglichen Plätzen im Haus aufgestellt werden können (Treppen sind in Neubauten oft sehr eng für sperrige Güter) und, was noch wichtiger ist, auf gute Isolierung der Schränke. Zudem ist es be-

sonders wichtig, den Schrank vor Rost zu schützen, denn bei jedem Räuchervorgang wird Feuchtigkeit frei, die zusammen mit Salz und Teerrückständen Metalle angreift und zu Rostschäden führt. Aus diesem Grund spritzt man Isoliermasse unmittelbar auf die Bleche, um zu verhindern, dass sich die aggressive Feuchtigkeit zwischen Schrankwand und Isolierung festsetzt und unkontrolliert Rost verursacht.

Fälschlicherweise wird die Isolierung im Räucherschrank häufig mit einer Wärmeisolierung gleichgesetzt. Hohe Außentemperaturen der Luft von der Wurst fernhalten zu wollen, ist sinnlos, weil ja die den Schrank umgebende Umluft als Zuluft über die Lüftungsschlitze und durch den Sog des Schornsteins immer über die Fleischwaren geführt wird.

Die Isolierungen müssen hygrostatisch sein, also fähig, Feuchtigkeit zunächst aufzunehmen und dann wieder sukzessiv abzugeben, wodurch die Bildung von Schwitzwasser vermieden wird.

Manche Räucherschubladen (Rauchentwickler) sind der Länge nach durch ein Schott unterteilt, um einen langsamen, U-förmigen Abbrand des Sägemehls zu erreichen. Dadurch wird eine übermäßige Erhitzung ausgeschlossen.

Ein Rauchverteiler, der in der Höhe durch eine grobgängige Spindel stufenlos einstellbar ist, sorgt für eine gleichmäßige Verteilung des Rauches. Seine nach oben gewölbte Hutform staut zunächst den Rauch. Frischluft wird durch Kiemen im Außenmantel, über dem Rauchentwickler angeordnet, infolge Schornsteinsogs angezogen. Sie kühlt den gestauten Rauch ab. Der abgekühlte Rauch mit einer Temperatur von ca. 23 bis 25 °C kann nun an die Fleischwaren gelangen, ohne ein Tropfen von Fett zu verursachen. Nach dem Räuchern wird der Rauchverteiler wieder fest auf den Schrankboden aufgeschraubt und somit ein Eindringen von Ungeziefer vermieden.

In gemauerten Räucherkammern im Freien wird das Räuchern zum besonderen Spaß. Neben Aalen können hier natürlich auch Fleisch und Wurst geräuchert werden.

Nur zum Kalträuchern

Heißräuchern ist in den hier beschriebenen Räucherschränken nicht möglich; sie sind ausschließlich für die Herstellung von Dauerware konzipiert.

Räucherkammern

Metzgereien räucherten Fleischerzeugnisse noch bis vor wenigen Jahren ausschließlich in gemauerten Räucherkammern. Die Erzeugung des Rauches erfolgte durch Verschwelen von Sägemehl beziehungsweise durch Verbrennen von Hartholzscheiten zur Temperaturerhöhung bei der Heißräucherung.

In Kammern oder Anlagen zur Kalträucherung wurde das auf hölzerne Dreikantrauchstecken aufgehängte

Räuchergut meist Stecken für Stecken in die Kammer eingebracht. Rauchdichte und Temperatur in der Kammer ließen sich in derartigen Heißräucheranlagen nur ungenau steuern. Auch bei Kalträucheranlagen konnten von den wichtigen Prozessparametern wie Luftfeuchtigkeit, Temperatur und Rauchdichte nur die beiden letzt genannten befriedigend beeinflusst werden: die Glimmtemperatur durch Öffnen oder Schließen von Luftklappen und die Rauchdichte durch Anfeuchten (höhere Rauchentwicklung) des Sägemehls.

Für den Bau von Räucheranlagen müssen eine ganze Reihe von gesetzlichen Bestimmungen beachtet werden, um der Explosionsgefahr sowie gesundheitlicher Schädigung durch das Räuchergut vorzubeugen. Richtlinien geben die Empfehlungen der Brandversicherungskammer beziehungsweise die feuerpolizeilichen Verordnungen der Bundesländer. Bevor man daran geht, sich im Eigenheim eine Räucherkammer einzubauen, sollte auf alle Fälle schon bei der Planung ein Kaminkehrermeister zugezogen werden, um von vornherein sicher zu gehen, dass nicht nur den feuerpolizeilichen Vorschriften entsprochen, sondern auch eine optimale und „gesunde" Räucherung erreicht wird.

Vorschriften für den Bau von Räucherkammern

Auszug aus den Vorschriften der Brandversicherungskammer:

„Räucheranlagen sind so anzuordnen, herzustellen und einzurichten, dass sie ordnungsgemäß betrieben und gereinigt werden können und nicht zu Gefahren und unzumutbaren Belästigungen führen. Räucherkammern mit innen liegender Feuerung und Räucherschränke sind Feuerstätten.

Die raumabschließenden Bauteile von Räucherkammern müssen feuerbeständig sein; Türen aus nichtbrennbaren Baustoffen bestehen. Räucherschränke müssen aus nichtbrennbaren Baustoffen ausgeführt sein.

Beobachtungsöffnungen müssen ausreichend widerstandsfähig gegen Feuer sein. Alle Einbauten müssen aus nichtbrennbaren Baustoffen bestehen. Schieber zur Umleitung der Rauchgase müssen betriebssicher sein. Räucherkammern und Räucherschränke mit innenliegender Feuerung müssen so beschaffen sein, dass herabfallendes Räuchergut nicht in die Feuerung oder deren brandgefährliche Nähe gelangen kann. Räucherkammern müssen eine ausreichende und sichere Frischluftzuführung haben.

Räucherkammern mit innenliegender Feuerung und Räucherschränke dürfen nur in Räumen errichtet oder aufgestellt werden, die mindestens feuerhemmende Wände und Decken aus nichtbrennbaren Baustoffen haben, und nicht in Räumen, in denen leicht entzündliche oder explosionsgefährliche Stoffe verarbeitet oder gelagert werden oder in denen solche Stoffe auftreten können.

Räucherkammern dürfen nur auf feuerbeständigen Decken errichtet werden, Räucherschränke nur auf ausreichend dicken und wärmedämmenden Unterlagen aus nichtbrennbaren Baustoffen."

Das A und O: die Frischluftzufuhr

Frischluftzufuhr garantiert bei einer Räucherkammer nicht nur Sicherheit, sondern auch ein gesundes Räuchern und guten Geschmack.

Die feuerpolizeilichen Verordnungen, nach denen der Kaminkehrer seine Feuerbeschau vornimmt, definieren dies folgenderweise:

„Ob die zugeführte Luft ausreicht, hängt vor allem von der Größe der Anlage ab und davon, ob sie eine innenliegende Feuerung hat. Die zugeführte Luft muss ausreichen, um den Verbrennungsvorgang aufrecht zu erhalten und um die Temperatur in der Räucherkammer auf einen bestimmten Stand zu regulieren."

„Sicher" bedeutet hier vor allem brandsicher. Die Frischluftzuleitung muss so beschaffen sein, dass sich ein in der Feuerstätte entwickelnder Brand auch unter ungünstigsten Bedingungen nicht durch die Luftzuführung auf den Raum oder die Räume außerhalb der Räucherkammer ausdehnen kann.

Diese Voraussetzung ist bei Räucherkammern mit umgeleiteten Rauchgasen z. B. dann erfüllt, wenn die Luft durch einen Kanal zugeführt wird, der wie folgt hergestellt ist:

a) Boden: eine Ziegelflachschicht über dem Boden der Räucherkammer (dadurch soll erreicht werden, dass brennbare Stoffe nicht so leicht in den Kanal gelangen können)
b) Wände: ½ Stein (= 11,5 cm) dick
c) Abdeckung: Zwei im Fugenwechsel verlegte Ziegelflachschichten
d) Die Frischluftöffnungen müssen zueinander in einem rechten Winkel liegen. Die äußere Frischluftöffnung muss mit einem Viellochstein verschlossen sein.

Die Wände und die Abdeckung des Frischluftkanales können auch aus geeigneten anderen Baustoffen (z. B. Schamottrohre, Schamottsteine, Blech usw.) bestehen.

Räucherfehler vermeiden

Im Folgenden werden einige wertvolle Tipps bei Störungen und für das Finden der Fehlerursache beim Räuchern in Schränken zusammengestellt. Sie können hilfreich sein, wenn es einmal nicht ganz so klappen sollte wie erhofft.

Fehler

Die Rauchentwicklung ist zu gering beziehungsweise das Sägemehl brennt nicht durch.

Mögliche Ursachen:

1. Der Schornsteinzug ist zu gering bemessen

Abhilfe: Der Schornsteinzug muss 1,5 bis 2 bar (mm WS) betragen. Er ist im Allgemeinen ausreichend, wenn ein brennendes Streichholz, oben im Räucherschrank an die Zugöffnung gehalten, ausgeht. In Zweifelsfällen den Schornsteinzug vom Schornsteinfegermeister messen lassen.

2. Eine Kaltluftsäule steht im Schornstein.

Abhilfe: Durch die Putztüre in den Schornstein Stroh oder Papier einbringen und anzünden. In allen Zweifelsfällen einen Fachmann oder den Schornsteinfeger zu Rate ziehen.

3. Nicht genügend Frischluftzufuhr im Aufstellraum.

Abhilfe: Für Belüftung sorgen.

4. Das Sägemehl ist zu nass.

Abhilfe: Trockeneres Sägemehl verwenden.

5. Der Rauchverteiler ist geschlossen.

Abhilfe: Rauchverteiler richtig einstellen.

Fehler

Die Rauchentwicklung ist zu stark beziehungsweise das Sägemehl brennt zu schnell ab.

Mögliche Ursachen:

1. Der Schornsteinzug ist zu stark.

Abhilfe: Den Schornsteinzug mit dem Blechschieber regeln oder eine Pendelklappe in das Rauchrohr einbauen. Das Sägemehl etwas anfeuchten.

2. Das Sägemehl ist zu trocken.

Abhilfe: Sägemehl anfeuchten.

3. Der Rauchverteiler ist zu hoch eingestellt.

Abhilfe: Rauchverteiler richtig einstellen.

Fehler

Die Räucherware läuft an (schimmelt).

Mögliche Ursachen:

1. Das Fleisch ist nicht genügend gepökelt, beziehungsweise Fehler in der Wurstherstellung.

Abhilfe: Fleisch beziehungsweise Wurst abwaschen und nachräuchern.

2. Das Fleisch ist nicht genügend geräuchert.

Checkliste Geräte

- Räucherofen, Räucherschrank oder Räucherkamin
- Fleischstock oder dickes Schneidbrett aus Hartholz (Buche, Eiche)
- Schüsseln aus Kunststoff oder Edelstahl
- Plastikeimer
- Scharfe Messer
- Fleischgabel
- Schleifstahl
- Küchenwaage
- Steingut- oder Holzfass
- Schöpfkelle
- Thermometer (zur Temperaturfeststellung im Pökelraum und später dann der Hitze im Räucherofen und -kamin)
- Lakemesser (zum Messen des Salzgehalts der Pökelflüssigkeit bei der Haltbarmachung im Fass vor dem Räuchervorgang)
- Küchengarn
- Injektionsspritze (zum intramuskulären Pökeln – Einsalzen – der Muskelfaser bei ganzen Schinken)
- Fleischerhaken
- Küchentücher

Abhilfe: Fleisch abwaschen und nachräuchern, bald verbrauchen.

3. Das Fleisch wurde beim Räuchern nicht genügend belüftet.

Abhilfe: siehe Hinweise zur Verbesserung der Belüftung oben.

4. Das Luftgitter bei der Luftzufuhr ist verschmutzt.

Abhilfe: Luftgitter reinigen.

5. Der Aufstellraum ist zu feucht.

Abhilfe: Räucherschrank in einem trockenen Raum aufstellen.

Fehler

Die Räucherware trocknet aus.

Mögliche Ursachen:

1. Der Schornsteinzug ist zu stark.

Abhilfe: Schornsteinzug drosseln.

2. Die Umgebungstemperatur ist zu hoch.

Abhilfe: Schrank in einem kühleren Raum aufstellen.

Gerätschaften, die man zum Räuchern braucht

Die folgende Checkliste nennt nur die wichtigsten Gerätschaften und das Zubehör, die man sich beim Einstieg in das Räucherhobby zulegen soll, ausleihen oder in Anspruch nehmen muss.

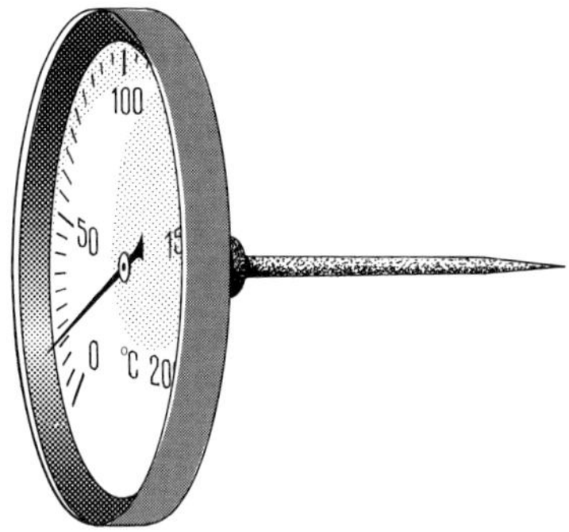

In jeden Räucherschrank, auch in den selbst gebauten, gehört ein Räucherthermometer.

Räucherthermometer

Zur genauen Feststellung von Räuchertemperaturen gibt es im Handel spezielle Stabthermometer, die mit einem Tauchrohr beziehungsweise Fühler durch die Schrankwand reichen oder eingebaut werden können. Sie sind universell verwendbar und weisen Messbereiche von 0 bis 200 °C auf. Die Gehäuse (Durchmesser etwa 160 mm) sind mit einer übersichtlichen Skaleneinteilung versehen.

Fleisch räuchern

Fleisch räuchern

Was aus der Not geboren wurde, nämlich das Haltbarmachen von Fleisch durch Pökeln, Räuchern oder Lufttrocknen, das hat sich im Laufe der Jahrhunderte zur Herstellung von Spezialitäten entwickelt. Schinken ist längst mehr als kernige Bauernkost, er ist eine Gaumenfreude von ganz besonderer Art.

Räuchern in Tirol: Jeden Abend wird in der Rauchkuchel eine kleines Feuer entzündet, das wenige Stunden danach erlischt. Der Rauch bleibt die ganze Nacht im geschlossenen Raum.

Allein in Deutschland werden, um nur ein Beispiel zu nennen, jährlich schätzungsweise über 40 Millionen Hinterkeulen von Schweinen verzehrt. Kein Wunder also, wenn sich diese Beliebtheit auch im Wunsch eines Selbstversorgers niederschlägt, selbst zum Spezialitätenhersteller in Sachen Rauchschinken „aufzusteigen". Und das kann durchaus gelingen, wenn man ein wenig Erfahrungen sammelt.

In alten Rauchkucheln lebt das Mittelalter fort

Wer einmal das Glück hatte, eine der wenigen in Süd- wie Nordtirol erhaltenen Rauchkucheln zu betreten, der fühlte sich mit Recht in mittelalterliche Zeiten zurückversetzt. Pechschwarzen Höhlen gleich sind sie neben dem eigentlichen Hofgelände in einem der Nebengebäude oder auf den Almen zu finden. Meist sind es noch Gewölbe, an deren Decken verrußte Eisengestänge rund 2 bis 2,5 m über dem steinigen Boden die Halterungen für Schinken und Speck bieten.

Selbst geräuchertes Fleisch schmeckt einfach mindestens doppelt so gut wie gekauftes.

Der Tiroler Schinken erhält durch Öffnen der Luken am nächsten Morgen dann reichlich frische Gebirgsluft.

Die Streuxner Bäuerin des 300 Jahre alten Erbhofes in Eger bei Neustift im Stubaital gewährt gerne Einblicke in die Speckräucherung in Nordtirol. Im ganzen Tal ist sie noch die einzige, die dieser uralten Art der Vorratshaltung treu geblieben ist.

Rund 150 kg schwer sollte ein Schwein sein, das sich für den Tiroler Speck eignet. Nach dem Schlachten, was in den Wintermonaten geschieht, muss das Fleisch gut abhängen. Dann wird es zerlegt und die einzelnen Fleischteile werden in eine Lake aus Salz, Knoblauch, Pfeffer, Kümmel, Zucker, Lorbeerblättern und zerriebenen Wacholderbeeren eingelegt, tirolerisch „Einsuren" genannt. In Fleischkübeln aus Eichenholz wird das Surfleisch drei Wochen lang gelagert.

Dann muss das gepökelte Fleisch gut abgerieben und abgetrocknet werden, bevor es in die Rauchkuchel kommt. Die Räucherung dauert sechs Wochen. An allen Räuchertagen wird in den Vormittagsstunden in einer eisernen Räucherpfanne von einem halben Meter Durchmesser ein kleines Feuer gemacht, das aber keineswegs lodert, sondern glimmt. Es wird aus Kienspänen und Sägemehl gespeist, ab und zu wird dann, kommt die Bäuerin in den Wintermonaten tagsüber aus dem Haus, ein bisschen „nachgelegt", so dass bis in die Abendstunden hinein die Rauchentwicklung gewährleistet ist. Nachts jedoch, Türe und Fenster bleiben natürlich geschlossen, gehen Feuer und Glut aus.

Am frühen Morgen wird dann die Rauchkuchel gelüftet, das heißt, das Fleisch bekommt viel Frischluft zugeführt, bevor neu angefeuert wird. So geht das Tag für Tag, sechs Wochen lang.

Sehr ausführlich beschäftigt sich Hans Fink in seinem Buch „Südtiroler Küche, Tisch und Keller" mit dem Selchen in der guten alten Rauchkuchel. Der aus einer Rittner Bauernfamilie stammende Autor hat den Beruf als Metzger und Selcher erlernt und ist seit über 30 Jahren Gastwirt in Brixen.

Zum Selchen gibt er aus langjähriger Erfahrung folgenden Ratschlag:

„Das Selchen geschieht mittels ‚kalten Rauches' – er soll die 20 Grad eher unterschreiten als erreichen; der Rauch wird mit Sägemehl und vielen beigemischten Kranewittzweigen (Wacholder) gemacht, und zwischendurch muss der Raum oft und gut gelüftet werden. Nach einem Monat ist der Speck ‚gleim' (hart) und kommt nun in einen kühlen luftigen Raum zur weiteren Aufbewahrung. – Der Gewichtsverlust vom frischen rohen und

,ausgebrateten' Fleisch bis zum gut genießbaren Speck ist je nach Fettgehalt verschieden. Er kann bei sehr weißem Speck 25 %, bei eher rotem hingegen rund 30 % ausmachen. Ein Schwein mit einem Totgewicht von 100 kg gibt aber nur 50 kg Speck ab, da ja auch Füße, Kopf, Rippen, Knochen, und der ,Filz' (das Nierenfett) wegfallen. Kenner ziehen den unterspickten Bauchspeck dem zwar schön roten, dafür aber eher trockenen Schinkenspeck vor. In dünnen Scheiben gesäbelt und mit duftendem Roggenbrot langsam und gläubig zu eher säuerlichem Rotwein genossen, hilft so eine Brotzeit über viele Sorgen hinweg. Harter Speck und süffiger, nicht zu schwerer Wein vertragen sich herrlich."

Die Methode: 250 Jahre alt, aber kaum überholt

Aus Zedlers „Großem Reallexikon aller Wissenschaften und Stände":

„Wer ein recht niedlich geräuchertes Rindfleisch haben will, schlachte einen wohlgemästeten Ochsen von vier oder fünff Jahren, zerhaue ihn in Stücke, und weil die Wärme noch im Fleisch, so bestreue man es in Mulden oder anderen flachen Gefässen über und über mit gnugsamen Saltz. So bald nun dieses zergangen, und in das Fleisch gedrungen, so hänge man es unverweilt in den Rauch, und lasse es so lange darinnen hängen, bis es getrocknet, aber nicht erhärtet ist. Da man es denn herunter nehmen, in einem Schranke verwahren und nach Gefallen davon kochen kann. Im Speisen wird man erfahren, um wie viel wohl geschmacketer und milder dieses, gegen einem andern geräucherten Fleischen.

Mit den Schincken wird auf folgende Weise verfahren: Wenn sie von dem Schweine wohl abgelöset worden, so werden sie etliche Tage, bis sie ein wenig erstarren, liegen gelassen, alsdenn eingesaltzen, und das Saltz absonderlich um die Knochen, wo sie sonst zum ersten moderischt zu werden pflegen, wohl eingerieben, und in diesem Saltze müssen sie wieder eine Woche verbleiben; sodann werden sie auf ein Bret gelegt, und mit einem andern Brete zugedeckt, damit man auf dieses obere etliche schwere Steine oder Bley legen, und das Saltzwasser oder die angreiffende Feuchtigkeit austreten und davon lauffen lassen könne. Ist nun diese Feuchtigkeit heraus, so befreyet man den Schicken wieder vom Brete und Gewichte, saltze ihn noch ein mahl auf der fleischigen und der zähen Schwarte entgegen gesetzten Seite, läßt ihn wieder drey Tage so liegen, und wandert dann erst mit ihm in den Rauch. Wenn man unter das Saltz ein klein wenig Salpeter mischet, so wird das Fleisch nicht allein schön roth davon, sondern erlangt auch einen lieblichen Geschmack.

Die Zungen werden auf Westpfälische Art so geräuchert: Nehmet ganz frische Zungen, leget sie in eine Mulde, daß das obere scharffe Theil der Zungen under sich komme, nehmet zwo Hände voll Saltz auf jede Zunge, schwinget sie eine Zeitlang in der Mulde, damit das Saltz wohl eindringe, und allezeit der obere scharffe

Theil unter sich gekehret sey, laßt sie also über Nacht in einer Stube stehen, sprenget sie hernach mit Eßig ein, und lasset sie wieder drey oder vier Tage an einem kühlen Orte stehen, leget sie denn auf die vorige Weise in ein Gefässe, schneidet gesottene rothe Rüben zu dünnen Scheiben, und leget auf eine jede Zunge drey oder vier derselben, nachdem sie groß sind, streuet mehr Saltz auf die Zungen, und nehmet endlich auf jede Zunge ein halb Nössel Wein, ein Nössel Wasser, und ein Nössel Eßig, vermischet es mit der gesaltzenen Lacke von den Zungen, güsset es also darauf, daß es ein wenig darüber gehe, beschweret sie mit einem Stein, und hänget sie, wenn sie also drey Wochen gestanden, in den Rauch, aber nicht zu nahe über das Feuer, welches auch bey anderm Fleisch zu beobachten; sie müssen steten Rauch und Anfangs ein paar Tage von Wacholderstauden haben, und also in die drey Wochen hängen. Auf diese Weise räuchert man auch die Schincken, welche aber mehr Saltz bedürffen, auch etliche Tage länger in der Lacke liegen, nicht weniger acht Tage länger im Rauche hängen müssen, als die Zungen.

Die Speckseiten, ehe sie in den Rauch kommen, werden sauber ausgelößt, eine nach der andern auf ein langes Bret gelegt, und so lange mit Saltz durchgerieben, bis dasselbe wohl eingekrochen. Nach diesem müssen sie auf einander in langen Mulden geschichtet, und in diesem Lager etliche Tage gelassen, ferner in eine frische Mulde ausgeladen, die obersten zu unterst gelegt, mit frischem Saltz von neuen besprengt, und von Wochen zu Wochen so tractiret werden, so lange bis eine jede Speckseite durchsichtig wird."

Bezug von Fleisch

Man kann sich Stufe um Stufe steigern, kann im Höchststadium selbst ein Schlachtfest veranstalten, also ein von einem Bauern oder einer Mästerei

Vorschriften bei Schlachttieren

Das Fleischbeschaugesetz schreibt eine amtliche Untersuchung von Schlachttieren am lebenden sowie am geschlachteten Tier vor. Die Schlachtung darf daher nur von ausgebildeten Personen durchgeführt werden. Ein Ausnahme bilden Kleintiere wie Geflügel, Kaninchen oder Lämmer unter 3 Monaten, sofern sie für den Eigenbedarf und nicht gewerblich geschlachtet werden.

Außerdem müssen in jedem Fall die Entsorgung nach dem Tierkörperbeseitigungsgesetz und das landesübliche Tierschutzgesetz beachtet werden. Aus allen diesen Gründen ist die Fleischbesorgung durch Hausschlachtung für den Einsteiger keinesfalls empfehlenswert.

gekauftes Schwein durch einen Metzger zu Hause schlachten lassen.

Mein Rat für den Einsteiger: Am besten kauft man für den ersten Versuch einige wenige, schön zerlegte Fleischstücke vom Metzger um die Ecke oder vom Großhandelsmetzger. Pökel- und damit räuchergerecht zerlegt, bekommt man da und dort auch eine ganze Schweinehälfte, die um die 40 kg Fleisch einbringt. Wichtig ist, dass das Schwein jung und nicht zu fett ist, am besten aus artgemäßer Haltung. Das Fleisch sollte man sich als Anfänger vom Metzger gleich räuchergerecht portionieren lassen. In einer Plastikwanne nimmt man dann, in jedem Kofferraum bequem plazierbar, sein Räuchergut „in spe" mit nach Hause. Das bringt in erster Linie den Vorteil, dass der Ungeübte sich nicht mit dem Entbeinen herumplagen muss und gleich gesagt bekommt, welche Teile nicht zum Räuchern, sondern eher zum Wursten oder anderweitig verwertbar sind.

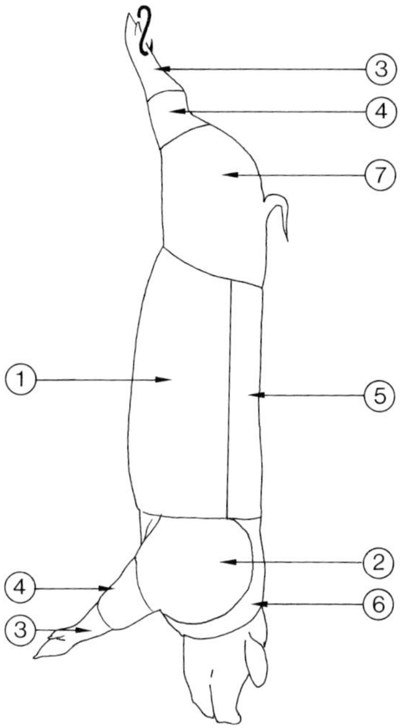

Die wichtigsten Stücke vom Schwein: 1 Bauch und Wammerl, nach vorne die Brust; 2 Bug oder Schulter, Vorderkeule; Füße; 4 Haxen; 5 Filet und Kotelettgrat; 6 Halsgrat oder Schweinekamm; 7 Schlegel, Keule

Fleischstücke, die zum Räuchern ideal sind

Wenn auch nicht nur das Fleisch von der Hinterkeule eines Schweins, meist einfach als „Schinken" bezeichnet, als alleiniges Räuchergut gilt, so ist es doch das bevorzugte. Es besteht zu rund 20 % aus Eiweißstoffen, 5 % Fett und je 1 % aus Mineralstoffen, Kohlenhydraten und Vitaminen, der Rest des Volumens bildet Wasser. Schweinekeulen sind mager, sehr schmackhaft und von guter Konsistenz, zum Pökeln und Räuchern deshalb geradezu ideal.

Zum Räuchern eignen sich aber auch die Schulter (Vorderschinken), der Bauch (Wammerl) und die Hüfte. Da der Rückenspeck nicht nur als „fette" Brotzeit, sondern auch als spätere Zutat für die Verfeinerung von Pasteten, das Bardieren von Geflügel und Wild willkommen ist, schadet es keinesfalls, auch einmal ein Stück mitzuräuchern. Zum Lachsschinken wird der Schweinerücken verarbeitet. Und

Zum Räuchern geeignete Fleischteile

Schwein: Hinterschinken, Schulter (Vorderschinken), Bauch (Wammerl), Hüfte, Rückenspeck, Rücken, Halsgratstück (Kamm)
Kalb und Lamm: Hinterkeule
Rotwild und Wildschwein: Hinterkeule, Filet
Rind: selten verwendet; wenn, dann die Hinterkeule

nicht zuletzt kann auch ein gut durchwachsenes Halsgratstück (Kamm) gepökelt und in den Räucherschrank gehängt werden.

Empfehlenswerte Fleischteile anderer Schlachttiere wie Kalb und Lamm sind für den Anfänger im Wesentlichen die Hinterkeulen, bei Rotwild oder Wildschwein auch das Filet.

Nicht ungenannt bleiben soll der Rindersaftschinken. Wird Fleisch einfach als Rinderrauchfleisch angeboten, so muss es nicht unbedingt von der Hinterkeule sein. Bei nachfolgenden Grundverfahren des Fleischräucherns steht aber das Schweinefleisch im Mittelpunkt.

Feinheiten bei der Auswahl von geeignetem Fleisch gibt es viele, entstanden aus langjähriger Erfahrung von meisterlichen Schinkenspezialisten. So kauft ein Schlachtermeister aus

Zum Räuchern geeignete Fleischstücke vom Schwein: von oben nach unten Schweinehals (Kamm, Nacken), Kotelett, Nussschinken und Schulter

Kiel ausschließlich Hinterkeulen von Schweinen, wenn sie während des Transports nicht am Fleischerhaken hingen, denn beim Transport reißen die inneren Muskelfasern, und das soll seiner Meinung nach dazu führen, dass daraus nur „Gummischinken" wird.

Ohne Pökeln kein Räuchern

Der Rauch alleine tut's nicht! Salz war daher gerade dort, wo man es nicht hatte, also wo es weder aus Salzbergwerken noch aus dem Meer gewonnen werden konnte, gefragt wie „weißes Gold". Die bekannten mittelalterlichen Handelsstraßen beweisen dies.

Ganze Kolonnen von Saumpferden mussten in Bewegung gesetzt werden, damit im Herbst in Gebieten wie Böhmen das schlachtreif gemästete Vieh zu Fleischvorräten für die langen Winter verarbeitet werden konnte.

Das leicht verderbliche Fleisch wird durch die Behandlung mit Salz nicht nur gewürzt und geschmacklich verfeinert, sondern vor allem haltbar gemacht, das heißt, dass dadurch ein mikrobenhemmender Zustand hergestellt wird. Durch das Pökelsalz wird das Fleisch „umgerötet", es nimmt die

typische rötliche Farbe an. Nicht ausreichend gepökeltes Fleisch hat einen grauen Kern.

Gepökelt – oder bayerisch, österreichisch, südtirolerisch „eingesurt" – wird mit Kochsalz, Salpeter oder mit Nitrit-Pökelsalz. Und hier gibt es wiederum drei verschiedene Möglichkeiten: Trocken-, Nass- oder Spritzpökeln.

Trockenpökeln

Das Trockenpökeln wird in erster Linie dann bevorzugt, wenn ein ganzer Schinken oder ein größeres Fleischstück haltbar gemacht und anschließend luftgetrocknet werden soll. Die Oberfläche des Fleisches wird dabei mit einem Gemisch aus Kochsalz und Pökelstoffen eingerieben. Das Verhältnis entspricht dabei etwa 99 % Salz zu 1 % Pökelstoff. In das Pökelsalz werden dann auch die entsprechenden Gewürze gegeben, vor allem Pfeffer. In dieser Hülle des Konservierungsmittels lagern danach die Schinken auf luftdurchfluteten Stellagen oder aufgehängt in Kellern bis zu zwei Monaten, „trocknen" also in der Luft, werden jedoch teilweise auch in der Anfangsphase mit kaltem Rauch haltbar gemacht. Der Fleischsaft muss bei diesem Trockenpökelverfahren ablaufen können.

Typische Vertreter der Trockenpökelung sind beispielsweise der Parmaschinken, der Holsteiner und der Westfälische Knochenschinken.

Doch nicht nur Salz, sondern auch Zucker kommt beim Trockenpökeln zur Verwendung. Sogar zu Traubenzucker wird hierbei gegriffen. Für einen noch besseren, würzigen Geschmack werden zumeist auch noch gestoßene Wacholderbeeren, Koriander und oft Thymian hinzugegeben.

Bei der Trockenpökelung ist aber nicht nur das Lagern im aufgehängten Zustand oder auf Stellagen gebräuchlich. Auch in Steingut- und Holzfässern ist eine Trockenpökelung möglich. Dies setzt voraus, dass man den Boden und dann die einzelnen Fleischlagen mit Salz und Würzmittel bestreut (so im Schwarzwald und in Tirol).

Wichtig ist bei dieser Art der Trockenpökelung, dass man das Fleisch alle zwei Tage umschichtet und umdreht, um so eine gleichmäßige Einwirkung der Würze und damit ein gleichmäßiges Entziehen des Wassergehalts zu erreichen. Die Pökelzeit ist bei der Verwendung von Kübeln mit etwa vier Wochen anzusetzen. Bei kleineren Fleischstücken, etwa bei Kilostücken, kommt man auch mit zwei bis drei Wochen aus. Der sich bei diesem Vorgang absondernde Pökelsaft sollte nach dem Pökeln abgeschöpft werden, das Fleisch aber in diesem Zustand noch zwei bis vier Tage ruhen. Diese Zeit wird fachmännisch mit „Nachbrennen" bezeichnet.

Beim Trockenpökeln ist es wichtig, dass im Anschluss daran der Schinken mit warmem Wasser gewaschen und dann noch einen Tag lang – bei öfterem Wasserwechsel – gewässert wird. Erst dann soll mit dem Lufttrocknen und Räuchern begonnen werden. Vor dem Räuchern aber muss das Fleisch auf alle Fälle getrocknet werden, darf also keinesfalls im feuchten Zustand in den Rauch gehängt werden.

Nasspökeln

Ähnlich wie beim Trockenpökeln wird auch beim Nasspökeln das Fleisch mit der Pökelsalzmischung und Gewürzen eingerieben und danach in Steingut- oder Holzfässern – letztere sind bei gewerblicher Verwertung aus hygienischen Gründen nicht erlaubt – gelagert, allerdings nass, das heißt in einer Pökellake. Zwischen die einzelnen Fleischschichten wird – je nach geschmacklicher Vorliebe – eine Schicht aus Knoblauch, Zwiebeln, Wacholderbeeren, Pfeffer, Zucker usw. gegeben. Bevor man das gesamte Pökelgut abdeckt, sollte man darauf achten, dass die Lake so ausreichend ist, dass sie das Fleisch vollständig „überflutet". Die mit der Zeit auch nach oben hin überquellende Lake muss rechtzeitig abgeschöpft werden, damit keine Fäulnisherde entstehen können.

Die Pökellake soll, so eine Faustregel, im Verhältnis 100 : 11 angesetzt werden. Mit anderen Worten, werden rund einem Liter Wasser 100 g Pökelsalz und 10 g Zucker beigemischt. Nach der Pökelzeit von zwei bis drei Wochen, je nach Gewicht und Größe der einzelnen Fleischstücke, wird das Pökelgut gründlich mit warmem Wasser gesäubert und dann an die frische, keinesfalls stickige Luft, natürlich geschützt vor Insekten, gehängt, bevor man es dem Räucherschrank oder dem Räucherkamin zuführt.

Die Lakeschärfe kann mit Hilfe eines Lakemessers exakt nach Prozenten bestimmt werden. Ein Lakemesser ist ein Spindelstab, auf dem sich beim Eintauchen in die Lake die Dichte des Salzgehalts ablesen lässt. Nur für den gewerblichen Bedarf rentiert sich die Anschaffung eines mit einer Sonde ausgestatteten, elektronisch arbeitenden Lakemessers.

Das Fleisch wird beim Trocken- und beim Nasspökeln gleichmäßig mit den Pökelgewürzen eingerieben.

Schnellpökelverfahren: das Spritzpökeln

Beim häuslichen Räuchern wird das Spritzpökeln in der Regel nur selten angewandt, sondern in erster Linie von den gewerblichen Schlachtereien, die auf schnellen und Gewinn bringenden Umsatz angewiesen sind. Mittels einer Lakespitze – erhältlich in Metzgereibedarfsgeschäften – wird dabei eine Muskelsalzung im Abstand von etwa 5 cm quer zu den Muskelfasern vorgenommen, also eine „intramuskuläre" Pökelung. Dabei werden dem Fleisch 10–20 % – im Verhältnis zum Fleischvolumen gerechnet – an Lake direkt zugeführt.

Die Hohlnadeln dieser speziellen Lakespritzen haben seitliche Öffnungen,

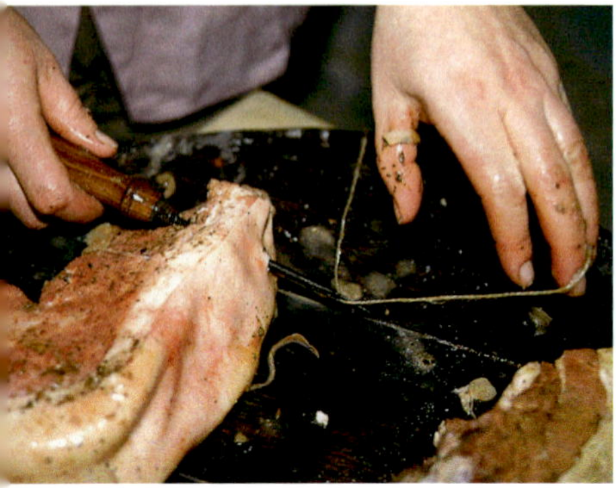

Bereits vor dem Einpökeln müssen die Fleischstücke mit einer speziellen Fleischnadel aufgefädelt werden, damit sie anschließend unmittelbar in den Rauch gehängt werden können.

durch die die in warmem Wasser aufgelöste Salz-Zucker-Mischung in ähnlichem Verhältnis wie bei der Nasspökelung beschrieben, in die Muskeln injiziert wird. Das Schnellpökelverfahren eignet sich in erster Linie für Räucherwaren, die zum baldigen Verzehr bestimmt sind. Aber auch nach dem Spritzen ist es ratsam, das so präparierte Fleisch wenigstens zwei bis drei Tage dem vorher beschriebenen Nasspökeln im Fleischfass zu unterziehen.

Höchstmengen für Nitrit und Nitrat

Nitrit soll Fleischerzeugnissen in einer Menge von höchstens 150 mg pro kg Fleisch beigegeben werden. Für Nitrat wird eine Zugabemenge von höchstens 300 mg pro kg Fleisch empfohlen.

Salpeter und Nitritpökelsalz als Umrötungshilfe

Salpeter (Kaliumnitrat) wird als Umrötestoff bei der Herstellung von Rohschinken und bei lang gereiften Rohwürsten (eingeschränkt) verwendet. Es wird in Form farbloser Kristalle oder als weißes, an der Luft beständiges Pulver gehandelt. Im Fleisch wird es durch eine enzymatische Reaktion zu Nitrit umgewandelt.

Auch Nitritpökelsalz (Salz mit Natrium- oder Kaliumnitrit, als fertiges Produkt im Handel) dient der Umrötung. Beide Mittel fördern den Ablauf der Umrötung von Fleisch, Fleisch- und Wurstwaren. Das Nitrit reagiert mit dem im Fleisch enthaltenen Myoglobin zum hitzestabilen Farbstoff Nitrosomyoglobin, der erhitztem gepökeltem Fleisch die typische blassrosarote Farbe verleiht.

Wichtige Regeln für das Pökeln

Ob Räuchergut nass oder trocken gepökelt werden soll: ein Fass ist dafür der stets richtige Behälter. Entscheidend ist weiterhin, wo und wie das Fass aufgestellt wird.

Gefragt sind Fässer

Ob das Pökelfass aus Holz oder vielleicht noch besser aus Steingut sein soll, darüber kann man zwar geteilter Meinung sein, was aber beide auszeichnen sollte, ist ein hygienisch einwandfreier Zustand. Für kleinere Mengen werden oft auch Plastikkübel und

-wannen verwendet, doch werden mancherorts Stimmen laut, dass dies vielleicht geschmacksmindernd sein könnte. Keinesfalls jedoch sind Zinkeimer zu empfehlen.

Bei einer Pökelung beziehungsweise bei einem „Einsuren" in einem Holzfass soll dieses rechtzeitig gesäubert und auf seine Dichtheit hin geprüft werden. Denn fließt etwa beim Nasspökeln Lake aus und kommt es dabei zum Austrocknen einer Fleischschicht, ist das Ergebnis auf alle Fälle gefährdet. Es kann sogar passieren, dass das eingelegte Fleisch innerhalb kürzester Zeit verdirbt.

Abgeschlossen werden alle Behältnisse mit einem Holzdeckel. Darüber, als Schutz vor Insekten oder Staub, sollte noch zusätzlich ein Tuch gebreitet werden. Dann kann das Ganze bei der Nasspökelung mit einem schweren Stein eingeschwert werden.

Damit darf aber die Sorgfalt während der Tage der Pökelung nicht beendet sein. Am besten soll täglich nachgesehen und der übertretende „Saft" abgeschöpft werden, damit über dem Surdeckel keine übel riechenden Fäulnisherde entstehen. Sauberkeit ist beim Schlachten, Pökeln wie auch beim späteren Räuchern das oberste Gebot, das vor Enttäuschung, finanziellen Verlusten und gesundheitlichen Schäden schützt.

Die Lake muss auf alle Fälle „überschwemmig" sein, das heißt, alles Fleisch muss mit der Lake gut bedeckt sein.

Wohin mit dem Pökelfass und dem Fleischkübel?

In tiefen, dunklen, keinesfalls aber stickigen Kellern stehen sie gut: das Pökelfass oder der Fleischkübel, und zwar bevorzugt in jenen Monaten, die ein „R" in ihrem Namen führen. Mit anderen Worten: In der kühlen Jahreszeit, ab September bis hinein in den April, lässt es sich gut räuchern und selchen. Nur in dieser Zeit weisen Keller oder die im Erdgeschoss gelegenen Vorratsräume pökelverträgliche Temperaturen von weniger als 12 °C auf.

Doch diese auch „weinfreundlichen" Temperaturen sind nur ein Aspekt der empfehlenswerten Voraussetzungen für eine sichere Fleischpökelung. Unverträglich sind für Fleischkübel und das Pökelfass modrige Keller, aber auch die Nachbarschaft von Öltanks oder Keller mit Sauerkrautfässern oder Obst und Gemüse. Diese sind für das Pökelgut ungeeignet wegen der unvermeidbar vorhandenen Milchsäure- und Fäulnisbakterien. Wenn sich gar der Schimmel an den Wänden hochfrisst, dann ist das Fehlergebnis in den meisten Fällen vorprogrammiert. In trockenen, luftdurchfluteten Vorratsräumen mit konstanten Temperaturen von 5 bis 12 °C und einer Luftfeuchtigkeit bis 75 % hat das Sur-, Fleisch- oder Pökelfass, oder wie immer man landschaftsbezogen dazu sagen will, den richtigen Platz, der außerdem dunkel und vor allem geschützt vor Insekten aller Art sein soll.

Die Lake

Lakekonzentration

Richtwerte für die Lakekonzentration wurden schon genannt. Je nach Pökelverfahren kann sie aber sehr unterschiedlich sein. Wer genaue Werte ermitteln will, kann diese mit einem Lakemesser exakt bestimmen. Dabei ergibt sich, dass beispielsweise eine eingrädige Lake entsteht, wenn 1 l Wasser 8 g Salz beigegeben werden. Analog dazu besteht eine zehngrädige Lake aus 80 g Salz auf 1 l Wasser. Bei der Zugabe von Gewürzen sollten diese pro Kilogramm Fleisch keinesfalls 10 g überschreiten, ganz gleich, ob Wacholderbeeren, Knoblauchzehen, Lorbeerblätter, Pimentkörner, Estragon, Koriander oder Salbei bevorzugt werden. Ratsam ist auch, die Lake vor dem Zusetzen zum Räuchergut aufzukochen, was bakterienhemmend wirkt.

Pökeldauer

Ganz unterschiedlich kann die Dauer der Pökelung selbst sein. Während man eine große Hinterkeule gut vier Wochen einlegen muss, reichen beim Bauchspeck zwei bis drei Wochen, bei Wild und Geflügel eine Woche. Die Stärke des Fleischstückes, Fettgehalt, Fleischkonsistenz sowie das Verhältnis der Lakekonzentration bestimmen die Pökeldauer. Am besten testet man vor dem Räuchern den Geschmack des Pökelfleisches durch den Verzehr eines Stückes als Braten, denn dabei stellt sich der Geschmack schnell heraus und man weiß vor allem, ob die Pökelung auch bis ins Innerste vorgedrungen ist oder nicht.

Die Würze macht's

Salz ist beim Pökeln nicht allein das „Salz in der Suppe“. Für das Räuchern mit eigener Note können verschiedene, auf alle Fälle aber harmonisierende Gewürze in Erfahrungsmengen verwendet werden, die eben die Individualität der Hausräucherei von dem gleichförmigen Konsumangebots der Großräuchereien unterscheiden.

Es ist sehr schwierig, exakte und verbindliche Mengenangaben vorzuschreiben, denn letztendlich entscheidet der persönliche Geschmack. In der Regel sollen zum Pökeln folgende Gewürze vorhanden sein: Salz, Konservensalz oder Salpeter, Pfeffer, Majoran, Zucker, Wacholder, Kümmel, Lorbeerblätter, Zwiebel und Knoblauch, Koriander und vielleicht auch ein Schuss Essig. Frische ist auch hier das Beste, was man seinem Rauchfleisch antun kann. Vorsicht gerade beim Einpökeln vor angeschimmelten Würzmitteln, die das Ergebnis verderben könnten. Wer mit dem Räuchern beginnt, sollte nicht den Fehler machen, zu viele verschiedene Gewürze zu verwenden.

Gewissenhafte Hygiene ist oberstes Gebot

Ist schon das Abspülen von Essgeschirr keine besonders erquickliche Arbeit, so wird jeder Hobbyräucherer beim Säubern der Räuchereinrichtungen ein wenig stöhnen. Doch was sein muss, muss sein. Wenn auch Rauchkucheln oder Räucherkamine keiner speziellen Reinigung bedürfen – außer der Fett- und Pechbeseitigung, sofern man darin immer nur ein- und dasselbe, das heißt entweder Fleisch und Wurst oder ausschließlich Fisch räuchert – so ist bei den Räucherhaken wie auch Räucherschränken größte Sauberkeit gefordert.

Am besten verwendet man heißes Wasser, dem ein normales, im Handel erhältliches Reinigungsmittel zugesetzt wird. Nachdem man die Haken eingeweicht beziehungsweise die Innenseiten der Räucherschränke ein bisschen angeweicht hat, verwendet man am besten eine Wurzelbürste zum Säubern, um so die Fettrückstände zu beseitigen, der Rußbeschlag jedoch kann getrost bleiben.

Haken richtig reinigen

Speziell für Haken werden Reinigungslösungen angeboten, die in Reformhäusern, Drogerien und Supermärkten erhältlich sind. Hier werden die Haken zur Desinfektion und Reinigung in eine Lösung eingelegt, die entsprechend den Gebrauchsanleitungen hergestellt wird.

Desinfektion

Der Desinfektion mit chemischen Mitteln fällt die Aufgabe zu, Fäulniskeime zu vernichten, die in Räumen und an Geräten vorhanden sind, und die die Haltbarkeit von Fleisch und Fisch gefährden. Völlig fernzuhalten sind Fäulniskeime nicht.

Der Desinfektion muss jeweils eine gründliche Reinigung mit heißem Wasser und handelsüblichen Putzmitteln vorangehen. Damit werden grobe Verunreinigungen gelöst und ein Teil der Mikroorganismen bereits abgetötet. Jedem Desinfektionsmittel muss eine bestimmte Einwirkungszeit (mindestens fünf Minuten, besser aber länger) zugestanden werden. Die Konzentration ist bei den meisten Präparaten mit 1 % angegeben, die optimale Temperatur der Lösungen liegt zwischen 50 und 60 °C. Nach der Einwirkungszeit müssen die Desinfektionsmittel durch Nachspülen mit reinem Wasser wieder vollständig entfernt werden.

Die gebräuchlichen chemischen Desinfektionsmittel sind ihrer Zusammensetzung nach Hypochloride, quarternäre Ammoniumbasen und Amphotenside. Die Anforderungen, die an sie gestellt werden, sind: breites Wirkungsspektrum auf möglichst viele Keimgruppen, Ungiftigkeit, Geruchlosigkeit, keine Korrosion von Werkstoffen, keine Abwasserbelastung und kein Wirkungsverlust bei der Lagerung.

Eine besondere Gruppe von Desinfektionsmitteln stellen die Fungizide, Mittel zur Bekämpfung von Schimmelpilzen, dar. Die Fungizide werden ent-

weder gezielt gegen Schimmelpilzwachstum oder vorbeugend durch Beimischen in Anstrichfarben für Wände, Mauerwerk, Geräte usw. eingesetzt.

Zur zusätzlichen Reinigung der Türdichtungen und der Dichtflächen am Schrank kann auch eine Behandlung mit Hirschtalg und Silikonspray nicht schaden. Damit wird ein Zukleben des Räucherschrankes und somit eine Beschädigung der Dichtungssätze beim Öffnen vermieden.

Sauberkeit des Arbeitsplatzes

Alle Arbeitsplätze beim Richten des Räuchergutes sowie die dabei verwendeten Gerätschaften müssen unbeschädigt und auf jeden Fall rostfrei sein. Holz (Tische, Fleischbänke) muss naturbelassen sein und nach Abschluss der Arbeiten fein säuberlich abgespült und abgebürstet werden.

Schinken lagern

Ist dem Schinken durch Pökeln und Räuchern eine einigermaßen verlässliche Haltbarkeit „eingeimpft“ und „zugeräuchert“, bleibt nur noch die Frage offen, wie lange diese garantiert wird. In den kühlen Wintermonaten bereitet dies sicher weniger Kopfzerbrechen; anders dagegen ist die Situation in den wärmeren und heißen Monaten des Jahres.

Vorgehen bei Kochschinken

Die vorgenannten Empfehlungen gelten nur für Rohschinken. Kochschinken, der heiß geräuchert ist, sollte entweder in Ein- bis Zwei-Wochenfrist verzehrt oder eingefroren werden.

Als Faustregel muss gelten, dass die Aufbewahrung am besten in den Räucherschränken selbst bei Temperaturen unter 12 °C erfolgen soll. Wird es wärmer, dann besteht sogleich die Gefahr, dass vor allem fettreiche Schinken zu tropfen beginnen und ranzig werden. Zudem sollte die Aufbewahrung keinesfalls in stickigen Räumen erfolgen, denn das könnte wiederum zur Schimmelbildung führen.

Wer sich an diese Regel hält, kann Geräuchertes bis zu zwei Monate – bei kälteren Temperaturen auch bis zu drei aufbewahren, wenn garantiert ist, dass der „Fleischschrank" auch sicher vor Fliegen und Insekten aller Art geschützt ist.

Rohschinken wird vielfach auch eingefroren. Selbst wenn man einen optimalen Aufenthaltsort und kühle Temperaturen bieten kann, so besteht bei langer Aufbewahrungszeit die Gefahr der Austrocknung, und das Rauchfleisch wird so hart, dass es vor dem Verzehr abgekocht werden muss, um das häufig beinhart gewordene Fleisch besser aufschneiden zu können. Mit dem Einfrieren wird dagegen das Austrocknen vermieden. Geräuchertes sollte aber nie länger als drei Monate in der Tiefkühltruhe liegen.

Klassische Schinkenspezialitäten

Schinken mit ausgelöstem Knochen

Das sind die großen Schinken-Herrlichkeiten Südtirols, des Schwarzwaldes, der Ardennen, aus Coburg oder Niederbayern. Zur Vorbereitung dieses Ganzschinkens muss das Fleisch gut ausgeblutet, abgelagert und gekühlt sein. Der Schloss- und Schwanzknochen wird ausgelöst, zu üppiger Speck wird entfernt. Das Pökeln geschieht mit einer Kochsalz- und Salpetermischung, mit der der Schinken eingerieben wird. Während der vierwöchigen Pökelzeit werden die Schinken mit der gut 20 %igen Lake regelmäßig übergossen. Im Anschluss daran ist ein mehrstündiges Wässern wichtig, bevor der Schinken gut abgerieben und dann zum Kalträuchern bei etwa 20 bis 30 °C in die Räucherkammer gegeben wird.

Südtiroler Bauernspeck, der bei etwa 20 °C, teils auch mit Nadelholz, geräuchert wird, ist im Geschmack besonders kräftig, da er vom Rauch her gewürzt ist, jedoch nicht zu intensiv, sondern fein abgestimmt. Erst wenn er ein halbes Jahr luftgetrocknet abgehangen ist, erreicht er seinen besten Geschmack. Er wird fein aufgeschnitten zu Rotwein gereicht.

Schwarzwälder Schinken wird gut gesalzen bei 30 °C und starker Rauchentwicklung haltbar gemacht. Teilweise wird auch hier Nadelholz bevorzugt. Es wird vor allem Fleisch mit einer schönen Färbung, was sich auch beim Räuchergut zeigt, bevorzugt.

Ardenner Schinken ist eine belgische Spezialität, die von nassgepökeltem Kernschinken stammt und im kalten Rauch ihre Haltbarkeit bekommt. Bevorzugt wird dafür in erster Linie äußerst mageres Fleisch.

Coburger Schinken ist ebenfalls ein Produkt der Kalträucherung bei 20 bis 30 °C in Hartholzrauch. Das magere Stück wird bevorzugt.

Niederbayerisches Schwarzgeräuchertes wird abweichend von den vorherigen Räuchermethoden bei 40 bis 60 °C in den Rauch gehängt. Dabei aber werden aber nicht ganze Schinkenstücke in den Rauchfang gehängt, sondern so genannte „Schnitzen" oder „Ranken" mit einem Gewicht von einem bis zu drei Kilogramm. Das Pökeln, bayerisch „Einsuren", wird in einem Holzfass oder besser in einem Eichenholzbottich zwei bis drei Wochen vorgenommen, wobei an Würzmittel (Knoblauch, Zwiebeln, Wacholderbeeren, Pfeffer, Salz, Zucker usw.) nicht gespart wird.

Katenschinken ist gewissermaßen ein Sammelbegriff für norddeutsche Schinken, die nicht unähnlich dem Rezept des Schwarzwälder Schinkens sind. Zumeist wird hier im gewerblichen Bereich die Spritzpökelung bevorzugt.

Lachsschinken wird aus dem Kernstück der Kotelettfleischstränge ausgelöst, eine Woche lang gepökelt und dann gewickelt. Im Kaltrauch werden dann diese Schwei-

nerückenstücke haltbar gemacht. Eine Spezialität ist der Pariser Lachsschinken aus sehnenfreien Filetkotelettstücken. Bei dieser Zubereitung werden die Kotelett-Kernstücke in Speckscheiben eingewickelt und dann mit so genannten „Goldschlägerhäutchen" umhüllt. Die Räucherdauer ist eine Erfahrungssache; auf alle Fälle verkürzt sie sich auf weniger als drei bis vier Tage.
Kasseler Rippenspeer, bevorzugt zum Brotzeitmachen, wird aus den Kotelettsträngen gewonnen, mit milder Lake gespritzt und anschließend der Heißräucherung unterzogen.
Schinkenspeck kann eine Brotzeit ebenfalls überaus bereichern. Er entsteht, indem man das Hüftstück eines Schweins gepökelt in den kalten Rauch hängt.
Nussschinken ist das Kernstück des Schinkens und daher von hervorragender Qualität, mager und im gewerblichen Bereich meist im Schnellpökelverfahren dem Heißräuchern zugeführt.

Knochenschinken

Westfälischer Räucherschinken, zumeist mit Buchenholzrauch und bei Höchsttemperaturen bis zu 25 °C geräuchert, ist er ein typischer Vertreter des Knochenschinkens. Man schätzt die ausgeprägte Würze, die Milde des Fleisches und den unverkennbar wohlriechenden Rauchgeschmack.
Katenrauchschinken nach holsteinischer Art, Ammerländer Dielenrauchschinken und Heideschinken sind geschmacklich miteinander verwandt. Auch hierbei wird der Rauch von Buchenholz bevorzugt; die Temperatur liegt während des gesamten Räucherprozesses unter 20 °C.

Die Luftgereiften

Parmaschinken. Die bekanntesten und wohl erlesensten Vertreter der luftgereiften Knochenschinken des Auslands sind der Parmaschinken und der San Daniele Schinken aus Italien. Die Zeit der Pökelung, Lufttrocknung und damit Reifung nimmt nicht selten mehr als zwölf Monate in Anspruch.
Bayonner Schinken, der typische Pyrenäenschinken, ist dem Parmaschinken ähnlich. Auch er benötigt bis zu seiner vollen Reife eine Zeit von gut neun Monaten.

Fleischrezepte

Dieses Kapitel kann leider nur unvollständig sein, denn in einem einzigen Landstrich, ja selbst in einem Dorf gibt es an Pökel- und Räucherrezepten eine Erfahrungsfülle, die von Generation zu Generation weitervererbt und immer wieder variiert wird. Es soll auch nicht das Ziel sein, klassische Schinkenspezialitäten nachzumachen, sondern vielmehr durch Anregungen jeden Leser zu eigenen Hausrezepten zu inspirieren.

Geräuchertes vom Schwein

Räucherspeck ungarisch

Dafür kauft man Rückenspeck, der (auf 1 kg gerechnet) mit 100 g Salz eingerieben und zwei Wochen lang in einem kalten, geruchsfreien Keller aufbewahrt wird. Jeden dritten oder vierten Tag wird der Speck erneut mit einer dünnen Salzschicht eingerieben. Beim ersten Einreiben darf man die Beigabe von gut 4 Esslöffeln Paprikapulver nicht vergessen. Anschließend wird der Speck gewaschen, abgetrocknet, nochmals leicht mit Paprika eingerieben und drei Tage in den kalten Rauch gehängt.

Wacholdergeräuchertes

Pro kg Fleisch bereitet man ein Würzgemisch aus 50 g Salz, 300 mg Salpeter, 10 g Zucker und 10 g gestoßenen Wacholderbeeren vor, nicht zu vergessen 1 zerdrückte Knoblauchzehe. Das abgetrocknete Fleisch wird damit eingerieben, ins Pökelfass gelegt, aufgeschichtet mit einem Tuch abgedeckt und eingeschwert. Nach drei- bis vierwöchiger Pökelzeit sollte eine mindestens ebenso lange Kalträucherzeit mit Wacholderspänen folgen.

Nassgepökeltes Wacholderrauchfleisch

Hierfür werden 3 kg Fleisch in eine Pökellake von 3 l Wasser, 300 g Salz, 1,5 g Salpeter, 30 g zerstoßenen Wacholderbeeren, 2 Knoblauchzehen und 30 g zerstoßenem Kandiszucker eingelegt. Die gewürzte Lake wird aufgekocht und dann in erkaltetem Zustand über das im Pökelfass eingelegte Fleisch gegossen. Das Fass wird auch hier mit einem Küchentuch abgedeckt, das mit einem Holzdeckel beschwert wird. Drei Wochen Pökelzeit und drei Wochen Warmrauch machen das Endprodukt haltbar.

Lachsschinken

Zur Lachsschinkenherstellung besorgt man ein ganzes Stück Kotelettgrat, das von der Schwarte befreit und vom Knochen gelöst werden muss. Über dem mageren Fleisch sollte aber gut ein Daumen breit Speck belassen werden. Das restliche Fett wird später, mit

Räucherspeck kann auf vielerlei Arten zubereitet werden, hier im Bild ganz klassisch. Versuchen Sie doch einmal ungarischen Räucherspeck mit Paprika!

wenig Salpeter eingerieben, um den „Schinken" gewickelt. Das so vorbereitete Fleischstück wird in eine Lake von etwa 4 l Wasser, 500 g Salz, 3 g Salpeter und 100 g zerstoßenem Kandiszucker eingelegt. Auch hierbei wird die Pökellake zuvor erhitzt, aber erst im ausgekühlten Zustand in den Pökelbehälter gegossen, wo der Schinken eine Woche lang auf das einwöchige Kalträuchern vorbereitet wird. Zwischen Pökeln und Räuchern muss der Lachsschinken luftgetrocknet werden.

Spritzgepökelter Landschinken

Dafür eignet sich Schinken mit Speck und Schwarte aus Unterschale, Nuss und Hüfte, der dann mit einer Pökellake aus folgenden Zutaten gespritzt wird, wobei die Einspritzmenge etwa 15 bis 20 % der Fleischmenge ausmachen soll. Das Grundrezept besteht aus 1 l Wasser, 100 g Nitritpökelsalz, 100 g Metzgerwürze (erhältlich nur in Fachgeschäften), 10 g flüssigem Wacholder und 5 g Knoblauch-Würzsalz. Ein Teil dieser Lösung wird mit einer Injektionsspritze in 5 cm Abstand in das Fleisch gespritzt. Weitere drei Tage sollte das Fleisch in die Lake aus obigem Konzentrat eingelegt werden.

Im Anschluss daran wird das Räuchergut gewaschen, gewässert, einen Tag in einem kühlen Raum luftgetrocknet und dann bei einer Temperatur von über 85 °C heißgeräuchert.

Feiner Pfefferschinken

Hierzu empfiehlt es sich, ausgesucht schöne Schinkenstücke zu verarbeiten, die dann, auf 1 kg Fleisch gerechnet, mit 30 g Pökelsalz, ½ Teelöffel Zucker, 1 Teelöffel in einer Pfeffermühle gemahlenem schwarzem Pfeffer und 2 Knoblauchzehen gut eingerieben werden. Nach einer vierwöchigen Pökelzeit in einem kühlem Raum wird das Fleisch zunächst mit einem sauberen Tuch abgetrocknet und dann zur weiteren Trocknung und zur Reifung aufgehängt. Einige Tage später sollte es aber nochmals kurz gewässert werden. Bevor das mit einem Küchentuch abgetupfte Fleisch in den Kaltrauch kommt, werden die einzelnen Fleischstücke erneut in geschrotetem Pfeffer gewälzt. Auch beim anschließenden dreiwöchigem Kalträuchern sollte man ab und zu eine Beigabe von geriebenem schwarzem Pfeffer in die Räucherspäne werfen.

Geräucherter Schweinebauch

Ein Stück gut durchwachsener Schweinebauch wird in 3 cm dicke Scheiben geschnitten und je kg Fleisch einen halben Tag lang in eine Lake von 2 l Wasser, 50 g Salz, 50 g Zucker und ½ Teelöffel Pfeffer bei Kühlschranktemperatur eingelegt.

Anschließend sollen die Fleischstücke gut abtrocknen, bevor sie zum Heißräuchern auf einen Rost in einem Räucherofen gelegt werden. Der Räucherprozess nimmt eine Zeit von ein bis zwei Stunden in Anspruch. Dieses Rezept eignet sich ebenfalls für Kleingeräte.

Zum Kalträuchern eignet sich auch ein größeres Stück Bauchfleisch. Die Pökeldauer beträgt hier etwa zwei Wochen. Dabei immer wieder kontrollieren, ob die Lake das Fleisch noch bedeckt und gut riecht, sonst austauschen. Die Räucherdauer beträgt 8 bis 10 Tage.

Fränkische Rezepte

Eine Lake mit Salz, mehreren Knoblauchzehen, fein geschnittenen Zwiebeln, Lorbeerblatt, Pfefferkörnern und etwas Zucker so ansetzen, dass ein rohes Ei darin schwimmend gerade die Oberfläche berührt, das heißt, bis zu dieser Sättigung muss mit Salz aufgefüllt werden. In ein Tongefäß werden Fleischstücke so hineingedrückt, dass die Flüssigkeit alles gut bedeckt. Falls nötig wird ein Stein zur Beschwerung auf das Fleisch gelegt.

Die Fleischwaren dürfen nur kalt geräuchert werden, also nur mit Räuchermehl, wobei auf geringste Wärmeentwicklung geachtet werden muss. Hier empfiehlt sich nur ein Räuchervorgang – also eine Füllung des Kastens mit Räuchermehl pro Tag –, der etwa 4 bis 5 Stunden dauert.

Rollschinken oder Speckseiten können vor oder nach dem Räuchern noch mit Paprika oder gestoßenem Pfeffer eingepudert werden.

Rauchfleisch, Rippchen, Rollschinken, Speck nach fränkischer Art

Man legt diese Stücke in eine Lake ein, die wie folgt angesetzt wird: Für 5 bis 6 kg Fleisch: 375 g Salz, 60 g Kandiszucker, 2,5 l Wasser, 1 Lorbeerblatt, 4 Pfefferkörner, 3 Nelken, 10 Wacholderbeeren, 1 Zwiebel, ½ Esslöffel Koriander.

Bis auf das Salz werden alle Zutaten mit dem Wasser aufgekocht. Während dieser Zeit drückt man die Fleischstücke fest in das Salz ein und lässt sie in einem Steinguttopf oder einer Holzmulde liegen.

Nachdem die Lake abgekühlt ist, wird sie langsam über die Fleischstücke gegossen. Kleine Fleischstücke bleiben 2 bis 3 Wochen in der Lake, große Stücke 3 bis 4 Wochen. Nach dieser Zeit werden die Fleischstücke etwa 2 bis 3 Stunden gewässert, getrocknet und an Schnüren oder Haken zum Trocknen aufgehängt. Sind die Fleischstücke gut trocken, werden sie an Fleischhaken in das Oberteil des Räucherofens eingehängt und geräuchert.

Zum Räuchern gibt es zwei Möglichkeiten: Zum baldigen Verbrauch wird das Fleisch eine dreiviertel Stunde heißgeräuchert und direkt aus dem Rauch serviert oder bis zu eine Woche lang im Kühlschrank aufbewahrt und vor dem Servieren kurz im Backofen angewärmt. Möglichkeit zwei: Soll das Fleisch länger haltbar sein, wie oben heißräuchern und anschließend noch 3 bis 4 Stunden in den Kaltrauch hängen. Das intensiviert auch den Rauchgeschmack.

Lamm und Geflügel

Für die meisten weniger geläufig, aber eine besondere Köstlichkeit ist Geräuchertes von zartem Lammfleisch oder frischem Geflügel. Ein Grund mehr, es einmal selbst auszuprobieren.

Geräucherter Lammrücken

Wenigstens 2 kg soll er schwer sein, der zum Räuchern empfehlenswerte Lammrücken. Drei bis vier Tage wird er in einer Salzlake aus 8 l Wasser, 300 g Salz, einem guten Dutzend zerstoßener Wacholderbeeren und ½ Esslöffel Paprikapulver gepökelt.

Doch damit sind die Vorbereitungen noch nicht zu Ende. Nach dem Einlegen reibt man den Rücken mit einem Küchentuch sauber, enthäutet ihn und reibt ihn dann nochmals mit einem Gemisch aus klein gehackten Zwiebeln, Knoblauch, Salz und Pfeffer sowie mit Majoran ein. Es schadet nicht, wenn der Lammrücken dann, eingeschlagen in ein Leinentuch, an einem kühlen Ort noch gut einen halben Tag ruht. Vor dem Räuchern in einem Heißräuchergerät sollte der Lammrücken zum Porenschließen heiß angebraten werden. Erst dann kommt er bei einer Anheiztemperatur von über 200 °C in den Räucherofen, wo er über der Räuchermehlglut eine gute Stunde garen soll.

Heißgeräucherte Hühnerbrust

Die gut gesäuberte und getrocknete Hühnerbrust leicht mit Salz, Pfeffer und Paprikapulver einreiben und dann auf den Rost des Räucherofens legen, der bereits vorgeheizt wurde. Bei Temperaturen von rund 200 °C erreicht man in einer guten halben Stunde den besten Räuchereffekt.

Heißgeräucherte Truthahnkeule

Vorteilhaft für das spätere Servieren ist es, wenn man die Truthahnkeule bereits vor dem Einlegen in die Lake entbeint. Die Keule wird dann mit Salz, Pfeffer und Zitrone eingerieben und in eine Lake, die mit Zwiebeln, Petersilie und vielleicht einem Schuss Rotwein angereichert ist, über Nacht eingelegt. Im Heißräuchergerät reicht bei einer Temperatur 200 °C eine Garzeit von einer Stunde.

Geräucherte Gänsebrust

Der Versuch lohnt sich bestimmt, auch wenn das Räuchergut nicht billig ist: geräucherte Gänsebrust ist ein Hochgenuss.

Vorbereitet wird dazu eine Lake aus 1 l Wasser, 100 bis 150 g Salz, 10 g Zucker und 1 zerhackten Knoblauchzehe. Salpeter wird hier nicht benötigt. Diese Mischung sollte man einmal leicht aufkochen lassen. Ist der Sud abgekühlt, wässert man damit die Gänsebrust und gibt darüber einen Hartholzdeckel, der beschwert werden sollte, um so das Fleisch ständig unter der Pökellake zu halten. Acht Tage sollte das Einpökeln und anschließend ebenfalls das Räuchern dauern.

Im Jahre 1741 wird zum Gänseräuchern („Zedlers Großes Universal-Lexikon aller Wissenschaften und Künste") empfohlen: „Die Gänse muß man erstlich brav fett mästen, hernach, wenn sie geschlachtet, einsaltzen, einen Tag oder acht im Saltze stehen lassen, hierauf dieselben in Leinwand nähen, in die Feuermäuer hängen und darinnen etwan vierzehen Tage, nachdem viel oder wenig Rauch ist, hängen lassen, auch zu Zeiten darnach sehen."

Und im „Kurzpfalzbaierischen Intelligenzblatt" des Jahres 1786 steht geschrieben: „Die Gänsebrüste oder auch ganze, so auf den Rücken abgeschnitten werden, läßt man vier Tage im Salz liegen, bis solches geschmolzen und mit diesem Salzwasser werden sie täglich ein paar Mal begossen, nachdem hängt man sie 14 Tage bis 3 Wochen in gelinden Rauch. Ehe man aber sie räuchert, werden sie in Papier gewickelt, und in alte dünne Leinwand geneht. Auf sechs Stück Gänse nimmt man einen starken Messerspitze voll Salpeter zum Salz." Auch bei mittelalterlichen Tafelfreuden durfte diese Spezialität nicht fehlen.

Rauch- und Trockenfleisch vom Wild

Eine wahre Delikatesse stellt Rauch- und Trockenfleisch vom Wild dar. Während man in Afrika dafür das Fleisch von Kudu und Oryx bevorzugt, kommen in europäischen Gefilden vor allem das Rotwild, Gämsen, Elch und Rentier in Betracht.

Auf alle Fälle muss in der Vorbereitungsphase das erlegte Tier die Nacht über in der Decke abgehangen sein. Als die besten Stücke zur Bereitung von Rauch- und Trockenfleisch gelten natürlich die Keulen und auch der Teil der vorderen Rückenpartie, von Filet ganz abgesehen. Nachdem die Fleischstücke den Muskelpartien entsprechend portioniert sind, werden sie in irdene Töpfe wie auch in Holzkübel lagenweise eingelegt. Beim Einpökeln (Trockenpökeln) werden die einzelnen Fleischteile mit Salz eingerieben und lagenweise mit gestoßenen Pfefferkörnern, Wacholder- und Lorbeerblättern sowie Koriander und Rosmarin bestreut. Durch die Beschwerung mit einem auf ein Holzbrett (Teller usw.) gelegten Stein tritt der Fleischsaft aus und vermengt sich mit dem Gewürz, wodurch die erwünschte Lake entsteht. Je nach Alter des geschossenen Wildes lässt man das Fleisch in einem kühlen und dunklen Raum etwa eine halbe Woche im eigenen Saft ziehen.

Nachdem man das Fleisch aus dem Fleischkübel oder Steintopf herausgenommen hat, muss es mit einem Küchentuch abgerieben, getrocknet und dann in den kalten Rauch gehängt werden.

Während man in Süd- und Südwestafrika das Rauchfleisch dann in längliche schmale Stücke, ähnlich aussehend wie unsere Landjäger-Würste, schneidet und in den Wind hängt (hohe Lufttrockenheit!), ist in europäischen Landstrichen das scheibchenweise Aufschneiden angebracht, und für jede Tafel oder zur schmackhaften Brotzeit ein echter Leckerbissen.

Südeuropäer und auch Afrikaner schwören auf gut abgetrocknetes Feigenholz als Räucherholz. Wichtig ist in den Sommermonaten, dass das Fleisch keinesfalls hohen Temperaturen auf Grund von Sonnenwärme ausgesetzt wird, denn das könnte innerhalb weniger Stunden zum Verderb führen. Wer unbedingt auch in den heißen

Monaten räuchern will, der muss – ganz gleich, ob im Haus oder draußen – das Fleisch tagsüber aus der Räucherkammer nehmen und in einem kühlen Raum aufbewahren, um es abends, wenn es gut abgekühlt hat, erneut in den Rauch zu hängen.

Rauchfleisch von Oryx (Gämsbock)

Dies ist ein Originalrezept von einer Farmersfrau aus Südwestafrika: Fleisch in Stücke schneiden, die Sehnen entfernen. Salz, Pfeffer und Koriander mischen und darin das Fleisch drei Tage lang immer wieder wälzen. Dann 24 Stunden wässern. Das Wasser muss öfter erneuert werden. Nach 24 Stunden herausnehmen und aufhängen. Wenn das Fleisch außen trocken ist, in den Rauch hängen. Zur Befeuerung gibt es im tiefen Süden Afrikas eine Fülle exotischer Harthölzer.

Geräuchertes Wild, hier von einem afrikanischen Oryx, dürfte selbst für den verwöhntesten Gaumen ein Hochgenuss sein.

Was man sonst noch räuchern kann

Geräucherte Eier

Dazu eignen sich nur in Salzwasser hart gekochte Eier. Um sie gut schälen zu können, sollen sie nach dem Kochen mit kaltem Wasser abgeschreckt werden. Die geschälten Eier werden anschließend auf den leicht mit Öl eingepinselten Rost des Räucherofens gelegt. Bei Temperaturen von gut 150 °C über den glimmenden Räucherspänen erreicht man in ungefähr zehn bis zwölf Minuten goldgelb geräucherte Delikatessen, die gleich warm oder später auch kalt gegessen werden können. Als Vorspeise wie zu einer Brotzeit sind geräucherte Eier eine echte Überraschung.

Geräucherte Kartoffeln

In der Glut eines Kartoffelfeuers gegarte Kartoffeln sind für manchen eine schöne Kindheitserinnerung. Gesünder und im Geschmack ganz ähnlich sind geräucherte Kartoffeln.

Junge, mehlige Kartoffeln werden gut gewaschen, gesalzen und in Heißräucheröfen auf dem Rost oder aufgespießt bei etwa 180 °C 50 Minuten geräuchert. Schneller geht es, wenn man die Kartoffeln in Salzwasser vorkocht.

Würste räuchern

Würste räuchern

Die konservierende Wirkung des Rauches kann auch beim Haltbarmachen von Würsten voll genutzt werden. Hierfür dürfen zur Raucherzeugung nur naturbelassene Hölzer, Zweige, Heidekraut und Nadelholzsamenstände verwendet werden.

Zumeist handelt es sich beim Wursträuchern um eine Oberflächenkonservierung mit keimhemmender Wirkung. Es soll deshalb stets darauf geachtet werden, dass die Würste hängen und nicht auf Räucherstäben zu liegen kommen, denn im Bereich der Aufliegestellen kann der Rauch nicht gut einwirken, was zu partiellen Verderbniserscheinungen führen kann.

Haltbarkeit durch Rauch

Bakterizide, fungizide und antioxidative Bestandteile des Rauches schaffen es, dem mikrobiellen wie chemischen Verderb entgegenzuwirken, also Haltbarkeit zu schaffen. Das Räucherprodukt wird dabei getrocknet und gegart; es wird ein Reifeprozess eingeleitet. Beim Wursträuchern werden die Naturdärme nicht nur gehärtet, sondern das Wurstbrät wird aromatisiert und nicht zuletzt die ganze Wurst goldgelb bis schwarzbraun gefärbt.

Anders ist es bei Rohwürsten, hier dringen die Rauchstoffe auch ins Innere der Wurst vor und machen die gesamte Rohwurstmasse bis in den Kern haltbarer. Dennoch sollten auch diese Würste hängend geräuchert werden. Bei den heißgeräucherten Würsten konzentriert sich das Räuchern ebenfalls nur auf die Außenbereiche.

Der Feuchtigkeitsgehalt des Rauches ist von großer Bedeutung, die Regulierung, z.B. durch die Zufuhr von Wasserdampf, ist aber nur im gewerblichen Bereich technisch notwendig. Aus gesundheitlichen Gründen ist die Behandlung mit Rauch gesetzlich auf die Oberfläche beschränkt worden. Die direkte Zufuhr von Rauch in das Wurstbrät ist damit verboten. In der Amtlichen Begründung von 1973 wurde dazu ausgeführt: „Anlassgebend für diese Anwendungsvorschrift ist das in letzter Zeit propagierte und in gesundheitlicher Hinsicht nicht bedenkenfreie Verfahren der direkten Einleitung von Rauch in das Wurstbrät während des Kutterungsprozesses.

Das Würsteräuchern erlaubt durch die Kombination des eigenen Geheimrezepts mit der ganz persönlichen Räuchermethode unnachahmliche Spezialitäten.

In diesem Zusammenhang wird nunmehr ausdrücklich klargestellt, dass in der vorgeschriebenen Weise geräuchertes Fleisch oder geräucherte Fleischerzeugnisse bei der Herstellung anderer Fleischerzeugnisse mitverarbeitet werden dürfen. Dies gilt beispielsweise für die Verarbeitung von geräuchertem Speck oder Schinken."

Rohwurst, Brühwurst, Kochwurst

Wenn's um die Wurst geht, werden von der Art des Haltbarmachens her drei verschiedene Herstellungsarten unterschieden: die Rohwurst, die Brühwurst und die Kochwurst.

Rohwurst

Bei Rohwürsten erfolgt die Herstellung größtenteils aus rohem Fleisch und Speck ohne die Zugabe von Bindemitteln. Die Haltbarmachung geschieht hierbei allein durch die Trocknung, Reifung und das anschließende Räuchern. Dabei wird der Wassergehalt weitgehend entzogen. Die Zugabe von Pökelsalz bei der Wurstbräthersteller ist obligatorisch. Als Rohwürste gelten insbesondere Salamiarten, Cervelat, Landjäger, Mettwürste.

Brühwurst

Die Brühwürste können neben rohem Fleisch und Speck auch Innereien und Pökelsalz enthalten. Brühwürste werden in heißem Wasser haltbar gemacht, so zum Beispiel Bierwurst, Mortadella und Gelbwurst.

Kochwurst

Bei Kochwürsten wird das Fleisch vorgekocht und dann mit ebenfalls gekochten Innereien, Speck und Schwarten zerkleinert und gekuttert. In Naturdarm gefülltes Wurstbrät wird dann gebrüht. Dazu zählen Leber-, Blut-, Sulz- und Rotwürste. Diese werden dann, vor allem zur Geschmacksverbesserung, bis zu einer Woche kaltgeräuchert.

Würste herstellen

Bei allen Zubereitungen sollte man beachten, dass das Fleisch nicht verkocht verarbeitet wird, sondern noch „Biss" hat.

Während Rohwürste nur leicht gewürzt und ohne Zwiebeln verarbeitet werden sollten, vertragen Kochwürste durchaus Zwiebeln und stärkere Würzzugaben. Das für Dauer- und Brühdauerwürste vorgesehene Fleisch sollte zur Verarbeitung ausgekühlt sein. Der Speck muss vor der Verarbeitung zu Dauerware auf –5 °C abgekühlt werden.

Rohwurst darf nicht in Cellophandarm eingefüllt werden, sondern nur in Natur- oder Naturindarm. Sorgsam soll der Umgang mit Salpeter sein. 10 kg Fleisch vertragen nur etwa 3 g Salpeter. Dieser empfohlene Richtwert sollte aus gesundheitlichen Gründen nicht überschritten werden. Bei Salpeterzugaben sollte 1 g Salpeter stets 1 Teelöffel Zucker zugesetzt werden.

Zu beachten ist, dass sich auch die Aufbewahrungsdauer verkürzt, je weniger Zutaten für die Haltbarkeit verwendet werden.

Räucherwürste: Wer bekommt da nicht gleich richtigen Brotzeit-Hunger? Dazu gehören natürlich auch frisches Bauernbrot und ein kühles Bier

Welcher Rauch zu welcher Wurst

So unterschiedlich wie die Zutaten, die Würzung und die Verarbeitung der Würste sind, so unterschiedlich ist das Räuchern selbst. In der Regel kommen zum Wursträuchern vier verschiedene Räuchermöglichkeiten in Frage. Es gibt folgende Methoden, wie Würste geräuchert werden können: das Kalträuchern und Feuchträuchern (bis 25 °C), das Warmräuchern (bis 45 °C) und das Heißräuchern (70 bis 80 °C).

Beim Heißräuchern wird wie beim Grillen der baldige Verzehr empfohlen.

Kalträuchern

Für dieses Räucherverfahren kommt in erster Linie die Dauerwurst in Frage. Der Vorteil hierbei ist, dass der Rauch über Tage hinweg in die Wurst eindringen kann, was eine nachhaltige Konservierung garantiert. Das ergibt eine gleichmäßige Färbung, bringt aber einen hohen Gewichtsverlust. Die Räucherdauer ist hier also ganz unterschiedlich zu bemessen, soll jedoch keinesfalls unter zwei Tagen liegen.

Wichtig ist, dass die Frischluftzufuhr nicht gestoppt wird. Beim Räuchern von Kochwurst ist die Temperatur eher unter als über 20 °C zu halten.

Feuchträuchern

Das Feuchträucherverfahren, das in diesem Zusammenhang ebenfalls erwähnt werden muss, hat zum Ziel, durch erhöhte Luftfeuchtigkeit in der Räucherkammer den nötigen Trocknungs- und Reifeprozess zugleich mit dem Räuchern abzuwickeln und damit bei Würsten das unerwünschte Austrocknen der äußersten Brätschicht zu verhindern (siehe auch Seite 20).

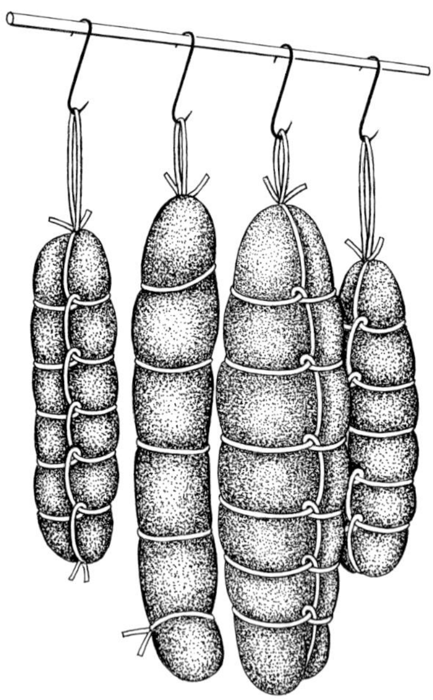

So mit kräftigen Bindfäden verschnürt geraten die Würste am besten.

Warmräuchern

Eher unter als bis an die Grenze von 45 °C soll bei der Warmräucherung gegangen werden. Damit wird bei weichen Rohwürsten die erwünschte Reifung durch Austrocknung erreicht. Die gasförmigen Destillationsprodukte des Rauches dringen weniger intensiv in das Räucherprodukt ein, was aber den Gewichtsverlust geringer als beim Kalträuchern ausfallen lässt. Der Räuchervorgang nimmt hier je nach gewünschter Intensität des Räuchergeschmacks eine Stunde bis mehrere Tage in Anspruch. Bei höheren Temperaturen geht die Atmungsfähigkeit der Därme verloren, eine Veränderung des Fetts, Verfärbung und unangenehmer Geschmack sind die Folge.

Räucherfehler vermeiden

Beim Würsteräuchern sollte besonders darauf geachtet werden, dass die Temperaturen nicht durch eine zu direkte, heiße Rauchführung zu einem jähen Ausschwitzen von Fett und Wasser führen. Das würde eine streifige Verfärbung und braune bis dunkelbraune Flecken verursachen. Auch vom Aufliegen der Würste auf Rosten wird daher abgeraten. Würste sollten deshalb unbedingt hängend dem Rauch zugeführt werden, ebenso wie Fleischstücke.

Stellen, an denen Wurst und Fleisch etwa auf Stäben, gleich ob Holz oder Metall, aufliegen, werden vom Rauch nicht ausreichend erreicht und dadurch ungleichmäßig erwärmt, was eine Oberflächenverderbnis zur Folge haben kann.

Räucherwürste richtig aufbewahren

Werden die Räucherwürste nicht eingefroren, so sind sie dennoch für Wochen haltbar, wenn man sie in nicht allzu temperierten Räumen aufbewahrt. Die Lagerung muss aber dann auf alle Fälle in luftigen und abgedunkelten Vorratsschränken erfolgen.

In ländlichen Gegenden gibt es für diese besonderen Spezialitäten den Namen „Hochbodenwurst", was mit anderen Worten heißt, dass man Würste auf Dachböden, vor Insekten geschützt, aufbewahrt, dort reifen lässt, bis sie, auch ungeachtet der höheren Temperaturen, weil eben gut geräuchert, austrocknen. Der Gewichtsverlust ist natürlich hierbei groß, umso mehr aber kann man sich über eine Spezialität von besonderer Art und erlesenem Geschmack freuen.

Geräucherte und luftgetrocknete Wurstwaren, wie auch auf diese Art und Weise haltbar gemachte Schinken, halten sich über Monate, vorausgesetzt, dass sie in luftigen Schränken aufbewahrt werden. Ideal sind solche Wurstarten natürlich als Reiseproviant. Sie schmecken am besten, wenn sie hauchdünn aufgeschnitten werden.

Wurstrezepte

Thüringer Rotwurst

2 kg mageres Schweinefleisch, Zunge und Herz sowie 500 g Schwarte (alles gekocht) werden zusammen mit 500 g Rückenspeck in daumengroße Würfel geschnitten und durch den Fleischwolf mit grober Scheibe gedreht. Gewürzt wird mit 100 g Salz, 1 gehäuften Teelöffel gemahlenen Pfefferkörnern, nach Geschmack auch ein paar ganzen grünen Pfefferkörnern, ½ Teelöffel Piment und Nelken, 1 g Salpeter, 1 Teelöffel Zucker, 1 Esslöffel Thymian und ¼ geriebener Muskatnuss. Zur Fleischmasse gibt man dann 1 l geseihtes Schweineblut. Die Wurstmasse kann am besten in Schweinedarm gefüllt werden. Bei 80 °C sollen die Würste gut zwei Stunden im Wasser ziehen. Nach langsamem Auskühlen werden die Thüringer dann drei bis vier Tage in den kalten Rauch gehängt, wo sie sich geschmacklich am besten entwickeln.

Leberwurst auf pfälzische Art

500 g Schweineleber werden in Stücke geschnitten und zusammen mit 1 kg Schweinekopffleisch und 1,5 kg Bauchspeck, alles zuvor gebrüht, durch den Fleischwolf mit feiner Scheibe gedreht. Gewürzt wird mit ½ Teelöffel gemahlenem schwarzem Pfeffer, 1 Messerspitze Muskatpulver, 2 Esslöffeln Majoran und 1 Teelöffel Thymian sowie etwas Kesselbrühe. Danach wird alles gut durchgeknetet. Das Wurstbrät wird anschließend in Schweinedärme gefüllt. Bei 80 °C sollen die Leberwürste eine knappe Stunde sieden. Anschließend ist ein langsames Abkühlen in warmem Wasser (50 °C), das schließlich ganz auskühlt, erforderlich. Empfohlen wird

dann ein Kalträuchern von 24 Stunden bei 20 bis 25 °C.

Geräucherte Dauerwurst

Drei Zutaten tragen zum guten Gelingen bei: Schweinefleisch, Rindfleisch und Speck. 1,5 kg Schweinefleisch (am besten vom Schlegel), 1,5 kg Rindfleisch, ebenfalls vom Schlegel, und 1 gutes Pfund Schweinerückenspeck in Scheiben zu schneiden und dann durch den Fleischwolf (grobe Scheibe) drehen. Dazu gibt man als Gewürz 100 g Salz, ½ Teelöffel gemahlenen weißen Pfeffer, vielleicht auch noch grünen Pfeffer, 1 g Salpeter und ½ Esslöffel Zucker.

Alles zusammen wird gut durchgeknetet, in Naturindärme gefüllt und abgebunden. Die Würste werden dann in einem trockenen und luftdurchfluteten Raum aufgehängt. Dabei sollen die Temperaturen nicht über 10 °C steigen.

Erst nach einem gut einwöchigen Abhängen der Würste gibt man sie in den kalten Rauch für eine Zeit von wiederum einer guten Woche.

Fische räuchern

Fische räuchern

Fische schlachten, ausnehmen, säubern

Kommen die Fische nicht aus fließenden Gewässern, sondern aus Teichen, wo sie gemästet wurden, dann empfiehlt es sich, sie gut fünf Tage vor dem Schlachten in ein Nüchterungsbecken zu geben, das schlammfrei sein und eine Wassertemperatur von nicht über 20 °C haben sollte.
Zum Töten der Fische gilt für den Sport- wie für den Berufsfischer das ungeschriebene wie geschriebene Gesetz, dass dies möglichst schmerzlos geschehen sollte. So steht es auch im Tierschutzgesetz: „Niemand darf einem Tier ohne vernünftigen Grund Schmerzen, Leiden oder Schäden zufügen".

Appetitlich und goldglänzend: Frisch geräucherte Sardinen.

Auf das Jahr 1936 geht ein auch heute noch gültiges Gesetz zurück, das über das Schlachten und Aufbewahren von „kaltblütigen Tieren", zu denen die Fische zählen, besagt, „dass Fische, deren Fleisch zum Genuss für die Menschen bestimmt ist, vor dem Schlachten zu betäuben sind. Diese Betäubung hat durch wuchtige Schläge auf den Kopf oberhalb der Augen mit einem genügend schweren Gegenstand zu geschehen. Die Betäubung kann auch in einem zuverlässig wirkenden elektrischen Fischbetäubungsapparat erfolgen. Sofort nach Betäubung sind die Fische zu schlachten".
Im Absatz 2 heißt es dann:

„Bei Aalen und Plattfischen (Schollen, Flundern, Seezungen usw.) kann die Betäubung unterbleiben. Aale sind, wenn die Betäubung unterbleibt, durch einen bis auf die Wirbelsäule reichenden Schnitt dicht unterhalb des Kopfes und sofortiges Aufschneiden der Leibeshöhle und Herausnehmen der Eingeweide einschließlich des Herzens zu schlachten; der Schnitt bis auf die Wirbelsäule kann unterbleiben, wenn die Ausblutung durch Aufschneiden der Leibeshöhle und sofortiges Herausnehmen der Eingeweide einschließlich des Herzens bewirkt wird. Plattfische sind, wenn die Betäubung unterbleibt, durch einen schnellen, den Kopf vom Körper trennenden Schnitt zu schlachten".

> *Tipp für viele Fische*
> Wer Fische in großen Mengen schlachten will, der beschafft sich am besten ein elektrisches Fischbetäubungsgerät, das bei einer geringen Spannung von 24 Volt für den Menschen keinerlei Risiko eines Stromschlags birgt.

Beim Betäuben von Aalen kann auch Salmiakgeist verwendet werden. Dazu gibt man eine Mischung von Salmiakgeist und Wasser im Verhältnis von 1 : 50 in ein abschließbares Behältnis, um dort die Aale zu betäuben. Das bringt auch den Vorteil einer guten Entschleimung mit sich. Ideal und einfach zur Betäubung von Aalen ist es, fünf Stück (auch mehr oder weniger) in einen mit 3 bis 5 l Wasser gefüllten Plastiksack zu geben, dazu schüttet man einen Schuss Salmiakgeist. In einer guten Viertelstunde sind die Fische ausreichend betäubt. Beim Entschleimen ist es vor allem wichtig, besonders die Kiemen sauber auszudrücken.

Das Ausnehmen und Entfernen aller Eingeweide sollte so geschehen, dass die Fische vom Kopf her aufgeschlitzt werden. Gedärme dürfen dabei nicht angeritzt werden. Man baut so einer Verschmutzung durch den Darminhalt vor. Ein mehrmaliges Ausspülen des Fischbauches unter fließendem oder ständig erneuertem Wasser sollte keinesfalls vergessen werden. Für die Spülungen sollte das Wasser eine Temperatur von etwa 10 °C haben und Trinkwasserqualität besitzen. Bei Fischen mit dichtem Schuppenkleid schließt sich dann ein gründliches Entschuppen per Hand mit einem scharfen Messer oder mit einem in Anglerfachgeschäften erhältlichen Entschuppungsgerät an.

Nach, besser noch vor dem Einlegen in die Lake, ist es aus zweierlei Gründen erforderlich, bei den zu räuchernden Fischen die Kiemen zu entfernen: Die Kiemen verderben besonders schnell, außerdem haftet ihnen viel Schleim und Blut an, die während des Räucherprozesses auslaufen und die goldgelben Fische mit unappetitlich aussehenden Schlieren „verzieren".

Noch größere Sorgfalt beim Fische ausnehmen

„Nematoden (Fadenwürmer) in Seefischen" – dieser Lebensmittelskandal schreckte im Sommer 1987 die Verbraucher auf. Das Bundesgesundheitsministerium erließ eine neue „Verord-

Aale sind besonders beliebte Räucherfische. Sie müssen nach dem Fangen sorgfältig vorbereitet werden.

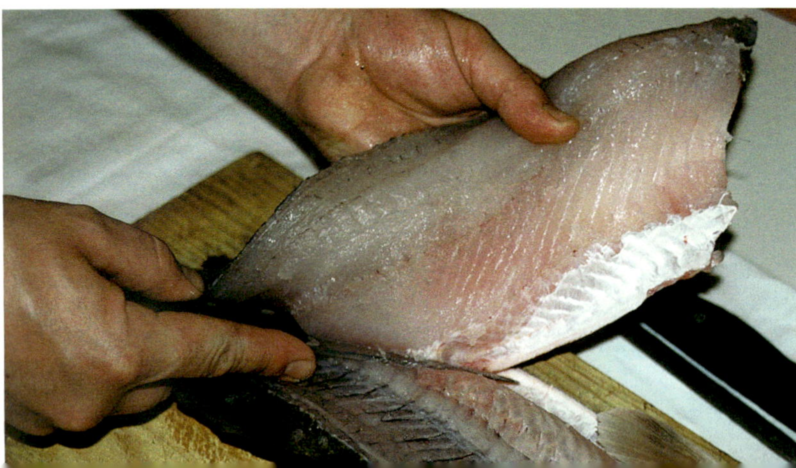

nung über gesundheitliche Anforderungen an Fische und Schalentiere".

Mit dieser Verordnung sollte vor allem das Nematodenproblem in Seefischen bewältigt werden. Die Vorschriften legen fest, wie Fische aus der Hochsee- und Küstenfischerei nach dem Fang, auf dem Transportweg bis in den Laden oder den Verarbeitungsbetrieb behandelt werden müssen.

Nach dieser Verordnung sollte sich auch der Räucherfreund im privaten Bereich richten, das heißt, er sollte alle Fische sogleich ausnehmen, Sprotten und Fische vergleichbarer Größe jedoch nicht. Das Ausnehmen der Fische soll verhindern, dass nach dem Fang Nematoden von den Eingeweiden in das Fischfleisch wandern.

Auch bei lebenden Seefischen sind schon Nematoden im Fischfleisch anzutreffen, vor allem in den Bauchlappen. Wenn die Fischleber stark befallen ist, ist auf jeden Fall eine Kontrolle anzuraten. Fischteile, die erkennbar lebende oder tote Nematoden enthalten, müssen entfernt werden.

Der Verbraucher erkennt die Nematoden, wenn das Fischfilet gegen das Licht oder eine künstliche Lichtquelle gehalten wird, als rotbraune Flecken im weißen Fleisch. Wer sicher gehen will, sollte Seefische nur als Filets (mit Haut) räuchern, weil die Kontrolle so einfacher ist.

Beim Ausnehmen der Fische ist Sauberkeit wichtig. Die Niere am Rückgrat lässt sich am besten mit einem Löffel herausschaben.

So gelingt das Filetieren (linke Seite):
Oben: Der Fisch wird zunächst hinter Kopf und Kiemen zur Bauchseite hin eingeschnitten.
Mitte: Entlang der Rückengräte wird der Fisch vom Kopf bis zum Schwanz eingeschnitten. Dabei wird der Bauchlappen noch nicht durchtrennt.
Unten: Führt man das Messer flach entlang der Gräte zum Schwanz hin, lässt sich das Filet leicht vom Fisch lösen.

Kein Nitrit oder Nitrat

Fische werden grundsätzlich nur mit Kochsalz gesalzen. Zusatzstoffe wie Nitrat oder Nitrit sind für Fische nicht zugelassen und auch nicht nötig.

Das Salzen der Fische

Das wohl wichtigste Kapitel beim Fischräuchern ist zugleich jenes mit den meisten „Geheimnissen" und offenen Fragen. Der wichtigste Rat ist: einfach selbst ausprobieren. Denn was für den einen buchstäblich das Salz in der Suppe seiner Räuchervorbereitung ist, das er zudem wie ein Geheimrezept hütet, kann für den anderen zu wenig oder zu stark gewürzt sein.

Dabei ist aber gerade das richtige Salzen das A und O eines guten Räucherfisches. Die folgenden Hinweise und Rezepte können nur Anhaltspunkte für ein Thema mit vielen Variationen sein.

Und bereits jetzt sei verraten: Übung macht den Meister!

Salzen muss sein

Salzarm sind selbst jene Fische, die ein ganzes Fischleben im Salzwasser verbringen, denn bei den in Meeren lebenden Flossenträgern ist das Fleisch kaum mehr als 0,24 % mit Salzen angereichert, bei Süßwasserfischen ist es etwa die Hälfte. Das Würzen mit Hilfe von Salz ist aber nur die eine Sache, die Haltbarmachung die andere.

Salz war deshalb stets unverzichtbar und kostbar, weil es um die Lagerhaltung von Fischen ging. Und hier wird wiederum zwischen Trocken- und Nasssalzen unterschieden.

Das Trockensalzen

Hierbei werden die Fische von innen und außen mit Kochsalz oder einem groben Salz (nicht mit Nitritpökelsalz!) gut eingerieben und waagerecht in ein Behältnis gelegt, das vom Salz nicht angegriffen werden kann; Plastikeimer oder Plastikschüsseln beispielsweise sind hierfür ideal.

In einem kühlen Raum werden kleinere Fische höchstens drei Stunden gelagert, während eine größere Makrele auch eine Salzzeit von bis zu vier Stunden verträgt. Ein Lachs mit einem Gewicht von 3 kg liegt vor dem Kalträuchern gute 10 Stunden im Salz, während die gleiche Fischart mit 4 kg bereits bis zu 15 Stunden beansprucht.

Beim Trockensalzen soll der Rücken stärker eingerieben werden als die dünnen Bauchlappen. Bei dieser Art der Salzung besteht die Gefahr, dass der Rücken zu lasch, die Bauchlappen

Nach dem Salzen, hier von Lachsfilet, wird der Fisch waagerecht gelagert.

übersalzen beziehungsweise überwürzt werden.

Möglich ist auch, Würzmittel wie zerstampfte Wacholderbeeren, geriebenen Pfeffer, fein gehackte Zwiebeln, selbst Knoblauch, falls man den Fischgeschmack zurückdrängen will, beizumengen.

Das Nasssalzen

Ein gleichmäßiges Salzen beziehungsweise Würzen wird durch das Nasssalzen erreicht. Dazu muss eine Salzlake vorbereitet werden. Als Faustregel kann gelten, dass bei größeren Fischen die Konzentration auf alle Fälle im Verhältnis 10 : 1 bis 12 : 1 angesetzt werden soll. Mit anderen Worten: in 10 l Trinkwasser sollte 1 kg Salz aufgelöst werden.

Wichtig ist: je kürzer die Einlegezeit umso stärker soll der Salzgehalt sein. Während man beim Einlegen über Nacht (also 10 bis 12 Stunden) 800 g Kochsalz in 10 l Wasser auflöst, ist es möglich, bei einer Kurzpökelzeit von nur drei bis vier Stunden den Salzgehalt auf 12 bis 13 % zu steigern.

Die kürzeste Salzzeit

Eine weitere erprobte Rezeptur beim Nasssalzen ist, so viel Salz zuzugeben, wie das Wasser aufnehmen kann. Das entspricht etwa einem Verhältnis von 4 : 1. Bei dieser Konzentration verkür-

Von oben nach unten:
Die fangfrischen Makrelen werden sofort in die Lake eingelegt und mit Steinen beschwert, damit sie vollständig bedeckt sind.

zen sich natürlich die Salzzeiten ganz wesentlich.

Hier einige Beispiele:
Forellen: 1 ¾ bis 2 Stunden
Heringe: 2 Stunden
Makrelenfilets: 1 ¼ Stunden
Rotbarschfilets: ¾ Stunden.

Grundsätzlich kann man sagen, dass ganze Fische länger in der Lake liegen müssen als Filets, und ein magerer Fisch wie der Rotbarsch hat gegenüber der fetten Makrele eine viel kürzere Salzzeit.

Das Pökelgefäß darf keinesfalls in einem zu warm temperierten Raum oder gar unter Sonneneinstrahlung stehen. Ideal ist eine Kellertemperatur von 7 bis 12 °C.

Wer den Salzgehalt der Lakelösung genau kontrollieren will, kann sich eines Aräometers bedienen, mit dem man rasch das genaue Verhältnis ablesen kann.

Wie schon eingangs betont, sind Süßwasserfische wie Seefische ähnlich salzarm im Fleisch (zwischen 0,7 und 0,2 %), weshalb sich beim Einlegen hier keine gravierenden Unterschiede ergeben. Nur: ein leicht eingesalzener Fisch hält sich nicht ganz so lange wie ein länger und stärker eingesalzener.

Würzen mit Vernunft

Über Geschmack lässt sich bekanntlich streiten – besonders beim Würzen von Fischgerichten! Das gilt natürlich auch für das Fischeräuchern. Zum einen ist bereits das Salzen eine Art der leichten Würzung, die man keinesfalls übertreiben soll, hat man nicht gerade Lust auf einen geräucherten Salzhering, zum andern wird auch durch das Räucherholz- und -mehl das Fischfleisch geschmacklich angereichert. Doch Fisch soll Fisch bleiben.

Wer es trotzdem würzig haben will, jedoch keine große Erfahrung im Fischewürzen besitzt, der sollte es mit einem handelsüblichen Fischgewürz als Beimischung zur Lake versuchen.

Natürlich lassen sich auch frische Kräuter oder Gewürze beim Einlegen in die Salzlösung verwenden: Dill, Basilikum, Thymian, Bohnenkraut, Petersilie, Rosmarin, Kapern, Knoblauch (beim Karpfen etwa), Paprikapulver und Senf. Pfeffer kann allemal nicht schaden.

Doch Fingerspitzengefühl und Gaumentraining sind hier die besten Ratgeber. So lassen sich auch bei den einzeln aufgeführten Rezepturen in diesem Buch keine für jeden Geschmack gültigen Mengenangaben machen.

Ein Tipp zum Würzen

Bei einer anderen Methode des Würzens verzichtet man auf die Gewürze in der Salzlake, dafür wird der Fisch nach dem Salzen und Trocknen mit einer Gewürzmischung bestreut, die nach dem Räuchern wieder leicht abgeschabt wird.

Ein Beispiel für eine Mischung (im Mörser oder mit einem Hammer in einer Plastiktüte zerstoßen):
2 Teile Pfefferkörner
2 Teile Korianderkörner
1 Teil Pimentkörner
2 Teile Wacholderbeeren
Außerdem können dem Räuchermehl noch kleine Wacholderzweige zugegeben werden.

Spülen und Trocknen

Ob trocken oder nass gesalzen: der Fisch muss nach dem Salzen unbedingt, um die Lake zu entfernen, gründlich mit Trinkwasser gewaschen werden. Dabei werden auch Schleim und Blutreste abgespült, die sich durch die Lake gelöst haben. Die Wassertemperatur sollte nicht zu warm sein, also 20 °C nicht übersteigen. Das Wasser muss auf alle Fälle Trinkwasserqualität haben, sollte also nicht aus Flüssen oder Seen geschöpft werden. Am besten gibt man das Räuchergut in ein Sieb oder in ein Plastikgefäß mit Überlaufvorrichtung. In diesem Bad kann man dann den Fischen mit dem Wasserschlauch zu Leibe rücken, sie gründlich aus- und abspülen. Für den gewerblichen Verkauf schreiben dies die Hygienemaßnahmen sogar bindend vor.

Im Anschluss können die Fische noch kurz zur Trocknung aufgehängt oder auf einen Rost gelegt werden. Das verleiht dem Fisch eine gewisse Stabilität, das heißt, er reißt nicht so leicht vom Haken. Eine goldgelbe Färbung ist jedoch besser zu erreichen, wenn man auf die Trocknung verzichtet, den Fisch also nur abtropfen lässt und dann in den Räucherofen hängt, der aber zu Beginn nicht gleich auf „Volldampf" gefahren werden sollte.

Steckerlfische lassen sich gut über Holzkohle heißräuchern. Eine besonders unkomplizierte und ursprüngliche Räuchermethode.

Mit wenigen Handgriffen und einer Aufhängevorrichtung aus Baustahl lässt sich ein Gartengrill in einen Heißräucherofen umfunktionieren.

Die Räuchermethoden

Wie für Fleisch gibt es auch für Fische verschiedene Räuchermethoden, die sich in der Temperatur, der Räucherdauer und der anschließenden Haltbarkeit der Räucherware unterscheiden.

Naturnahes Räuchern – eine Möglichkeit

So hat es wohl einmal angefangen: ein tiefer Graben wurde ausgehoben, Feuer darin gemacht, immer mehr Holz darüber geschichtet, umso zu einer lang anhaltenden Glut zu kommen. Für eine starke Rauchentwicklung sorgte frisches Laub wie das von Erlen, Haselnuss und Brombeeren. Auch hier wäre es falsch, harzende Zweige, wie von Tannen oder Fichten, zu verwenden.

Wichtig ist, dass beim Räuchern über einem Graben die Fische möglichst hoch über die Feuerstelle gehängt werden. Ideale Hilfen dafür sind eineinhalb Meter lange Haselnussstöcke, die an beiden Enden zugespitzt werden. Während das eine Ende in den Boden gerammt wird, steckt man die andere Spitze in Kiemenhöhe gegen den Fischkopf.

Ist die Glut zu heiß oder hängt der Fisch zu tief, so besteht die Gefahr, dass die Fische austropfen, mehr ein Garen als ein Räuchereffekt erzielt wird, die Fische demzufolge zu trocken werden. Auch die goldgelbe Farbe entsteht dabei nicht. Ideal ist eine Räucherzeit von knapp einer Stunde. In den ersten Kapiteln dieses Buches werden ausführliche Ratschläge über Räuchergeräte, Hygienemaßnahmen, Räucherhölzer, das Lebensmittelrecht zum Räuchern, die feuerpolizeilichen Vorschriften und die Rauchbeschaffenheit gegeben.

Speziell für das Fischeräuchern soll an dieser Stelle daher nur noch über die Temperaturen des Heißnass-, Heißtrocken- und Kalträucherns gesprochen werden.

Das Heiß-Nassräuchern

Diese Methode gilt als Schnellräucherverfahren, zum Beispiel für Portionsforellen und analog dazu zum raschen Bereiten von geräuchertem Forellenfilet. Bei Portionsforellen von 300 bis 500 g muss dabei die Räuchertemperatur über 100 °C liegen, um im Forellenfleisch selbst eine Kerntemperatur von 70 bis 80 °C zu erreichen.

Wichtig ist, dass die Temperatur des Rauches zu Beginn des Räucherprozesses am größten ist, anschließend aber dann entsprechend „zurückgefahren" wird. Niemals jedoch sollte die Temperatur so hoch sein, dass zu viel Fischfett in die Räucherglut oder in das Räuchermehl tropft, wenn keine Fettauffangschale vorhanden ist.

Das Heiß-Trockenräuchern

Aus traditioneller Erfahrung entstanden ist das Heiß-Trockenräuchern von Fischen. Hierbei wird nicht mit hoher Temperatur begonnen, sondern die Fische werden zu Beginn durch langsame Rauchentwicklung getrocknet. Das kann, je nach Hitzeentwicklung, bis zu einer Stunde dauern. Vor allem beim Aal, aber auch bei Karpfen und Schleien, schwören manche Räucherkünstler darauf. Erst nach einer Stunde wird die Temperatur auf 70 bis 80 °C hochgefahren, um sie dann 100 °C (Kerntemperatur) erreichen zu lassen.

Als Beispiel sei hier das Fischeräuchern in einer handelsüblichen Räuchertonne mit Gaskocherbetrieb beschrieben:

Das Räuchergut wird von oben mit Haken in die Tonne eingehängt, das Schubfach am Fuß mit Räucherspänen und Raspelspänen gefüllt. Darunter wird der Camping-Gasbrenner in Betrieb genommen. Bei steigender Erwärmung trocknet zunächst das Räuchergut. Die Temperatur wird dann auf etwa 110 °C gesteigert und das Räuchergut etwa 15 bis 20 Minuten gegart. Ein Fettfänger nimmt abtropfendes Fett auf, eventuell abfallendes Räuchergut hält das Auffanggitter.

Nach dem Garen bei gedrosseltem Feuer kann man frische Kräuter (Lorbeerblätter, Sellerieblätter) auf die Glut im Feuerschubfach legen und darüber nochmals Räuchermehl oder Räucherspäne streuen. Nach etwa 10 bis 15 Minuten hat dann das Räuchergut eine goldgelbe Färbung angenommen und ist fertig für den Verzehr.

Kalträuchern

Vom Kalträuchern spricht man, wenn die Rauchtemperaturen, die direkt auf den salzgaren Fisch einwirken, maximal 22 °C haben. Der „dünne Rauch“ hat in der Regel nur 18 bis 20 °C. Die Räucherzeiten verlängern sich damit entsprechend. Genaue Zeiten lassen sich hier nicht vorgeben, da die Fischart und die Größe des Fisches ausschlaggebend sind. Bei Portionsfischen (300 bis 500 g) dürften in der Regel Räucherzeiten von sechs bis zwölf Stunden ausreichen. Das Fischfleisch trocknet hierbei jedoch stärker aus als beim Heißräuchern, ähnlich wie beim rohen Schinken. Auch die so geräucherten Fische haben ein Fleisch, das für die Aufteilung in dünne Scheiben gut schnittfähig ist. Der prominenteste Vertreter dieser Räucherart ist der Räucherlachs. Kaltgeräucherte Fische sind übrigens länger haltbar als heißgeräucherte.

Gewichtsverlust beim Räuchern

Der Gewichtsverlust, der bei jedem Schlachten und Räuchern entsteht, ist je nach Größe und Art der Fische natürlich unterschiedlich.

Bei einer Forelle beispielsweise machen Eingeweide, Kiemen, Schleim usw. rund 15 % des Fischgewichtes aus. Beim Räuchern verliert der Fisch dann nochmals etwa 10 % seines Gewichts. Nach dem Filetieren bleiben schließlich nur noch 50 bis 60 % des ursprünglichen Lebendgewichts übrig. Aale verlieren beim Schlachten rund 8 % und beim Räuchern 15 %, Karpfen beim Schlachten gut 20 % und beim Räuchern 15 % an Gewicht.

Demnach ergibt sich eine Faustregel, wonach durch das Schlachten und Räuchern rund ein Drittel des Lebendgewichts verloren gehen.

Tiefgefrorene Fische räuchern

Sicher wird keiner auf die Idee kommen, sich aus dem nächstgelegenen Supermarkt aus der Tiefkühltruhe Fisch zum Räuchern zu holen. Anders dagegen ist es, wenn man sich Ma-

> *Kühlen ist wichtig*
>
> Bei einem längeren Anfahrtsweg zum heimischen Herd sollte man sich für die frisch gefangenen Fische auf alle Fälle mit einer gut isolierten Kühlbox, die Temperaturen unter 5 °C garantiert, ausrüsten.

krelen oder Heringe, die auf Eis gelagert sind, aus dem Fischgeschäft holt, um diese selbst zu räuchern. Zumeist jedoch kommt es zum Räuchern tiefgefrorener Fische, wenn man selbst Angler ist, und nicht gleich wegen eines soeben gefangenen Aals die Prozedur des Räucherns in Angriff nehmen will. Für einen Petrijünger, der seine Fische von einem Angelurlaub nach Hause bringen will, kommt der Transport der leicht verderblichen Ware ebenfalls nur tiefgefroren – in Kühlboxen verpackt – in Frage.

Zu Hause angekommen, sollten die Fische gleich versorgt, also geschuppt, entschleimt und mehrmals gewaschen werden. Erst so kann man sie dann, in Tiefkühlbeutel verpackt, in das Gefriergerät geben. Damit ein möglichst schnelles Durchgefrieren ermöglicht wird, sollte nie eine zu große Portion Fische in einen Gefrierbeutel gegeben werden.

Und wie lange darf man mit dem so eingelagerten Fisch bis zum Räuchern warten? In der Regel sollten sechs Wochen nicht überschritten werden. So beugt man Geschmacksverlusten und einem Trockenwerden des Fisches vor.

Wenn Seefisch frisch und sachgerecht eingefroren ist und im Gefrierschrank Temperaturen von mindestens –20 °C herrschen, ist eine Lagerung von mehreren Monaten ohne weiteres

Ob bei Forellen oder anderen Fischen: Mit Gewichtsverlusten beim Räuchern ist zu rechnen. Doch Geschmack und die goldgelbe Farbe gleichen den Verlust aus.

Hier sind einfache S-Haken in Gebrauch, wie sie überall im Haushaltswarenhandel erhältlich sind.

möglich. Das gilt natürlich nicht für Hering und Makrele, die sich für eine längere Lagerung auf Grund ihres Fettgehalts nicht eignen.

Das Auftauen geschieht am besten in frischem Leitungswasser, das mehrmals gewechselt werden sollte. Keinesfalls sollte im Anschluss daran der Fisch nochmals für längere Zeit in den Kühlschrank gegeben werden. Dringend empfohlen werden muss: Nach dem Auftauen den Fisch sofort einsalzen beziehungsweise in die Lake geben, also nicht mehr lagern.

Fischfilets von Seefischen werden am besten im Kühlschrank aufgetaut, da sich sonst das Fischfleisch unnötig mit Wasser voll saugt.

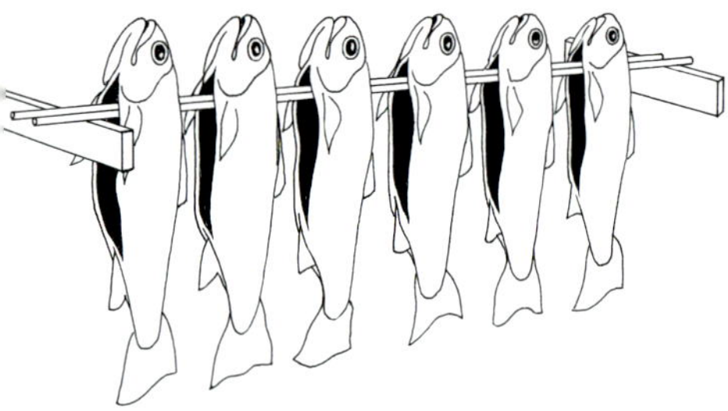

Aufhängen der Fische

Es gibt verschiedene Möglichkeiten, die Fische im Räuchergerät aufzuhängen. Bei kleineren Fischen tun es einfache S-Haken oder Schnüre, die man hinter den Kiemen befestigt. Möglich ist auch, Holz- oder Stahlstäbe hinter

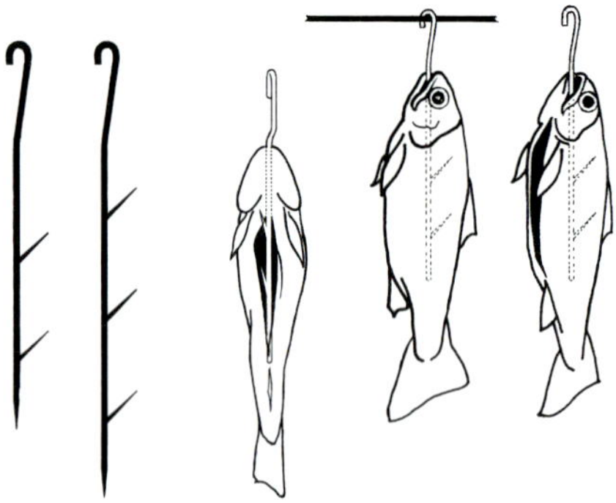

Oben: Preisgünstig und praktikabel sind Holz- oder Stahlstäbe zum Aufhängen der Fische. Sie werden 2 cm hinter den Kiemen durch den Fischleib gestochen.

Unten: Patenträucherhaken sind eine sichere Garantie dafür, dass auch gewichtigere Fische beim Räuchern nicht zerfallen.

Schillerlocken und Heilbutt: Wer könnte da nein sagen, wenn etwas so Delikates von einem Hobbyräucherer serviert wird?

den Kiemen links und rechts der Wirbelsäule durch den Fisch zu stecken und so mehrere Fische hintereinander aufzufädeln.

Spezielle Räucherhaken

Bei größeren Fischen reichen die oben genannten Methoden allerdings nicht aus, sie fallen sonst beim Garen durch ihr eigenes Gewicht auseinander.

Von der Staatlichen Lehr- und Versuchsanstalt für Fischerei in Starnberg werden spezielle, im Handel erhältliche Räucherhaken empfohlen. Sichere Aufhängung, rationelles Arbeiten und absolut gleichmäßige Räucherung ist mit diesem Haken gewährleistet. Man führt ihn durch das Fischmaul und drückt die Spieße in die Rückengräte.

Diese Haken sind aus nicht rostendem Stahl oder aus Aluminium gefertigt. Bei den Stahlhaken sind die Spieße aufgeschweißt, bei Alu-Haken sind sie eingepresst.

Für größere Fische (über 500 g) sind diese Haken auch dreispießig in Edelstahl lieferbar.

Empfehlenswerte Fischarten für den Rauch

Die folgende Auflistung soll einen kurzen Überblick über die geläufigsten Fischarten geben. Sicher gibt es noch viele weitere Fischarten, die man darüber hinaus zum Räuchern verwenden kann.

Blaufelchen oder Reinanke

Ein Fisch von ganz hervorragendem Geschmack, der vor allem in den sauerstoffreichen Alpenseen (so zum Beispiel in den Seen des österreichischen Salzkammergutes und im Bodensee), aber auch in Norddeutschland und im Norden Europas zu Hause ist, ist der Blaufelchen. Merkmale sind kegelförmiger Kopf und torpedoförmiger Körper, der blaugrün bis dunkelgrün schillert. Eine wahre Delikatesse sind die Bodenseefelchen, die sich wie ihre Artgenossen vorwiegend von Insektenlarven und Bodentierchen ernähren. Zum Räuchern eignen sich eher die kleineren Fische mit einer Länge um 30 cm.

Dornhai

Als die am häufigsten vorkommende Haiart des Nordatlantiks bildet der Dornhai große Schwärme. Er wird etwa 100 bis 120 cm lang und wiegt dann maximal 10 kg. Nachdem der Kopf entfernt und die Haut abgezogen ist, werden aus den geräucherten Bauchlappen unsere „Schillerlocken", und der geräucherte Rückenteil ist bei uns als „Seeaal" im Handel.

Dorsch oder Kabeljau

Als Räucherfisch nicht vergessen werden soll der Dorsch oder Kabeljau, dieser gefräßige Allesfresser, als „Brotfisch" des Räucherers. Erst als geschlechtsreifer Fisch wird der Dorsch bei uns zum Kabeljau, während die nordischen Länder nur die Bezeichnung „Torsk" kennen, was Dörrfisch bedeutet. Die Geschlechtsreife tritt bei den meisten Dorschen im 8. bis 12. Lebensjahr ein. Sie haben dann eine Länge von 70 bis 100 cm und wiegen 3 bis 8 kg. Die größeren Exemplare müssen in kontrollierbare Scheiben geschnitten dem Räucherofen zugeführt werden. Sein wohlschmeckendes Fleisch sollte dabei seine Zartheit nicht verlieren.

Tipp
Beim Räuchern von Aalen sollte man sorgfältig darauf achten, gleich große Aale in einer Partie zusammenzufassen, sonst sind die großen am Ende noch nicht „durch" und die kleinen beginnen zu zerfallen.

Flussaal

Der Flussaal ist der große Wanderer unter den Fischen. Während sich der Breitkopfaal vorwiegend von Krebsen, Muscheln, Fischen und Schnecken ernährt, begnügt sich der Spitzkopfaal mit Kleintieren. Seine Geburtsstätte liegt in den Tiefen des Ozeans. Ist er zwei bis drei Zentimeter lang, beginnt seine Wanderung hin zur Küste, um dann die Ströme hinauf zu ziehen, wo er sich für fünf bis sechs Jahre ein Revier mit schlammigen Böden sucht. Geschlechtsreif kehrt er wieder zurück zum Atlantischen Ozean, um dort zu laichen. Aale, vor allem die mit breitem Kopf, erreichen einen Fettgehalt bis annähernd 40 %; Spitzkopfaale dagegen werden mit ihrem Fettgehalt von rund 15 % für das Räuchern bevorzugt.

Hecht

Eine echte Delikatesse ist dieser Raubfisch, der Fische in großen Mengen, in der Ausnahme Frösche, ja sogar kapitale Artgenossen und kleinere Vögel verzehrt. Als mittlere Länge gelten 50 bis 100 cm. Doch beim Räuchern sollte man kleineren Exemplaren den Vorzug geben. Zu Hause ist er in Flüssen und Seen. Vor allem begehrt ist das weiße, noch mit verhältnismäßig wenig Gräten durchzogene Fleisch des Junghechts. Grobfaserig wird das Fleisch dann bei größeren Räubern.

Heilbutt

Der Heilbutt kann zum ältesten unter den Fischen werden; seine Lebenserwartung wird auf 40 bis 50 Jahre geschätzt. Dieser größte Plattfisch ist schnellwüchsig und lebt in Meerestiefen von 200 m als mittlerem Lebensbereich. Exemplare über 2 m Länge werden heute selten gefangen, doch auch diese Fische wiegen schon rund 150 kg. Der Grundfisch ernährt sich vor allem von jungen Dorschen und größeren Bodentieren. Seine Lebensräume sind vorwiegend die atlantischen Gewässer. Sein Volumen macht es erforderlich, ihn sozusagen scheibchenweise in den Räucherofen zu geben.

Hering

Wer nicht an der Küste lebt, muss auf geräucherte Heringe (siehe Bild unten) aus dem eigenen Räucherofen nicht verzichten, denn auf Fischmärkten kann man ihn, auf Eis gelagert, kaufen. Begehrt ist der goldgelb geräucherte, glänzende Bückling.

Tonnenweise werden die durchschnittlich 25 cm langen Heringe, die sich von Fischeiern, Schnecken, Kleinlebewesen und Jungfischen ernähren, u. a. im gesamten Nordatlantik wie auch in der Nord- und Ostsee gefangen. Die im Herbst aus den Meeresgewässern geholten Heringe sind etwas magerer, dafür jedoch im

Geschmack feiner als die im Frühjahr ins Netz gegangenen, die wohlgenährter sind. Als „grüner Hering" kommt der frisch gelandete Fisch auf den Markt.

Karpfen

Aus Japan und China ist der Karpfen zu uns gelangt. Fällt auch die „Ernte" dieses gerne in Teichen gezüchteten, feinen Speisefisches in den Spätherbst und in den Winterbeginn, so freut sich der Sportfischer auch während des übrigen Jahres über den Fang eines 1 bis 3 kg schweren Karpfens, der sich von der Fauna am Boden ernährt.

Lachs

Für den Räucherfreund ist der Lachs schlechthin der „König" unter den Fischen. Geradezu legendär ist seine Wanderung vom Pazifik oder Atlantik in die großen Flüsse Amerikas und Europas bis nach Sibirien, wo in klarem Wassern seine Laichgründe liegen. 1 bis 3 Jahre verbringt der Jungfisch im Süßwasser, dann zieht es ihn wieder hinaus aufs Meer.

So im wahrsten Sinne des Wortes mit allen Wasser gewaschen, hat ein kleinerer atlantischer Lachs mit einem Gewicht von rund 2–4 kg schon eine durchschnittliche Länge von 60 bis 70 cm. Kaltgeräuchert wird er in „Seiten", also der Länge nach geschnitten und vorsichtig fein gewürzt. Die Fangzeit für den Sportfischer sind die Monate Mai bis August, in denen der Lachs die Flüsse zum Laichen „hinaufsteigt", denn dann zeigt er sich fettreich und mit hellrotem Fleisch.

Tipp
Auf Grund ihres hohen Gewichts müssen Karpfen entweder in dickere Scheiben geschnitten oder der Länge nach geteilt auf den Heißräucherrost gelegt werden.

Makrele

Ebenso überaus preisgünstig wie grüne Heringe werden für den Fischfreund im Binnenland Makrelen (siehe Bild oben) auf den Fischmärkten angeboten. Dieser Schwarmfisch, der im Atlantik wie in Nord- und Ostsee von Heringen, kleinen Dorschen, Sardinen und Sprotten, aber auch von Plankton lebt, eignet sich am besten zum Räuchern mit einer Länge von 30 bis

Forellen färben sich beim Räuchern im wahrsten Sinne des Wortes von Silber zu Gold.

40 cm. Er gilt als überaus fettreich, und sein Fleisch ist von fester Konsistenz.

Regenbogen- und Bachforelle

Im Geschmack steht zwar die Regenbogenforelle der Bachforelle etwas nach, doch gerade sie ist der Brotfisch der Klein- und Großteichwirte.

Vorwiegende Unterscheidungsmerkmale sind, dass die Bachforelle seitlich rot gepunktet ist, während die Regenbogenforelle unregelmäßig schwarze Sprenkel hat. Am torpedoförmigen Körper schillert zur Laichzeit ein regenbogenfarbenes Band. Bach- wie Regenbogenforellen ernähren sich in erster Linie von Insekten, Kleinkrebsen und später dann von kleineren Fischen. Doch auch mit handelsüblichem Trockenfutter sind beide Forellenarten in der Teichhaltung zu ernähren. Bei der Teichhaltung kann bereits in zwei Jahren eine Portionsforelle heranwachsen.

Tipp

Wer mit dem Fischeräuchern beginnt, sollte mit Forellen anfangen. Die Regenbogenforelle ist dabei wegen ihres hohen Fettgehalts der Bachforelle und dem Saibling zu bevorzugen.

Rotbarsch

Das rote Schuppenkleid gab diesem attraktiven Schwarmfisch den Namen. Beim Anfassen ist aber Vorsicht geboten: An den Kiemen und an den Brust- und Rückenflossen sitzen unangenehme Stacheln. Bei einer Länge von 30 bis 50 cm erreicht dieser Fisch ein Gewicht von bis zu 2,5 kg. Er ernährt sich von kleineren Fischen sowie von Weichtieren und Krebsen.

Die größten Exemplare sind bis 1 m lang und wiegen dann etwa 15 kg. Seine Heimat sind die Küsten des nördlichen Atlantiks.

Zum Räuchern eignen sich auch die Filets, oder man schneidet größere Exemplare in Scheiben. Bei längerem Tiefgefrieren sollten wegen der Haltbarkeit bei den Filets die Fettansätze an Rücken und Bauch weggeschnitten werden.

Schellfisch

Am begehrtesten ist dieser sich vorwiegend von Fischlaich, Jungfischen, Muscheln und Würmern ernährende Fisch in der zweiten Jahreshälfte. Zuhause ist der Schellfisch, der mit 35 bis 70 cm Länge gefangen wird, im Atlantik wie auch in der Nordsee.

Nur leicht gesalzen wird er, in Stücke geschnitten, geräuchert. In diesem Zustand wird er auch als „smoked haddock" oder „finnen haddie" gehandelt.

Scholle

Dieser Plattfisch sucht an den atlantischen Küsten Europas seine Nahrung vorwiegend in Muschelgründen; er nimmt aber auch Würmer und Krebse auf. Beim Räuchern von Schollen, das am besten längs geteilt geschieht, muss darauf geachtet werden, dass das feine weiße Fleisch nicht zerfällt.

Zander

Zum Räuchern ist dieser Raubfisch mit seinem eher festen Fleisch am besten geeignet, wenn er eine mittlere Länge von über 50 cm hat. In der Wachstumsphase ernährt er sich vorwiegend von kleinen Wassertierchen, später aber zeigt er sich ganz als Räuber und hält sich wie der Hecht an kleine Fische.

Angetroffen wird er in Flüssen und Seen in ganz Mitteleuropa, aber auch in salzärmeren Bereichen der Ostsee. Kleinere Exemplare, die auch in Teichen gezüchtet werden, räuchert man in ganzen Stücken, größere Zander kann man auch in Scheiben aneinandergereiht in den Räucherofen geben.

Feinschmecker bevorzugen als Vorspeise geräuchertes Zanderfilet, das warmgeräuchert oder auch im abgekühlten Zustand auf den Tisch kommen kann.

Tipp

Beim Zander sollte man darauf achten, dass die Räucherung sich nicht über einen zu langen Zeitraum hinzieht, denn das würde das feine weiße Fleisch „strohig" machen.

So gelingt das Filetieren

Beim fertig geräucherten Fisch werden zunächst Kopf und Schwanz schräg von beiden Seiten her eingeschnitten und abgetrennt. Auch die Brustflosse wird gekappt. Die restlichen Flossen werden ebenfalls gelöst. Anschließend wird die noch geschlossene Bauchseite aufgeschlitzt.

Dann werden die Filetstücke abgehoben und die Gräten von der unteren Hälfte gelöst. Der Fettansatz am Rücken wird vorsichtig abgelöst und die verbleibenden Gräten werden entfernt.

Geräucherte Fische richtig lagern und einfrieren

Wer geräucherten Fisch, der natürlich direkt frisch aus dem Rauch am besten schmeckt, über den Tag hinaus lagern oder gleich mehrere Wochen lang einfrieren will, sollte mit gleicher Sorgfalt wie beim Räuchern selbst vorgehen. Fisch duldet keinen fremden Geruch, ganz gleich, ob man ihn im Kühlschrank oder Keller lagert. Legt man ihn zum Beispiel neben Käse, so darf man sich später nicht wundern, wenn der Fisch verdorben ist. Dies gilt auch in Kühlschränken und -truhen.

Das Abkühlen

Nach dem Räuchern sollte man Fische keinesfalls aufgeschichtet lagern, sondern sie an Haken in einem kühlen Raum oder auf einem staubfreien Gelände im Schatten auskühlen lassen. Es ist nicht empfehlenswert, die heißgeräucherten Fische gleich nach dem Räucherprozess in den Kühlschrank zu geben, denn das würde auf jeden Fall Geschmacksverluste bedeuten. Abgekühlt ist der Fisch nach etwa zwei Stunden. Hat man bei größeren Mengen nicht genügend Haken zur Verfügung, können die Fische auch auf einem Gitterrost abgekühlt werden. Wenn der „Fleischsaft" des Fisches geliert ist, gilt der Fisch als vollständig ausgekühlt.

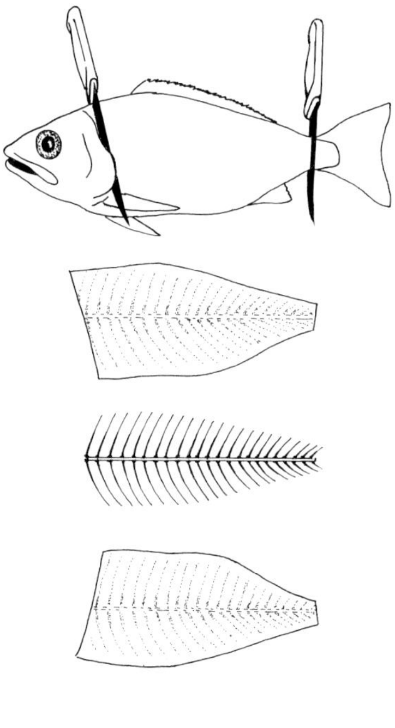

So gelingt das Filetieren von einem in Ganzen geräucherten Fisch: Kopf und Schwanzflosse werden abgetrennt und die beiden Filets vorsichtig von der Mittelgräte gelöst.

Einzeln in Plastik eingeschweißt lassen sich Fische am schonendsten einfrieren und lagern.

Das Aufbewahren

Höchste Haltbarkeit und vor allem Schutz vor Gewichtsverlust wird mit einer Vakuumverpackung erreicht, was jedoch den Gebrauch einer Vakuumverpackungsmaschine voraussetzt. Lohnend ist eine solche Anschaffung aber wohl nur für Teichbesitzer. Doch auch ohne dieses Hilfsmittel lässt sich der Räucherfisch lagern.

Im Kühlschrank kann mit gutem Gewissen eine Lagerzeit von 1 bis 2 Wochen empfohlen werden, wenn eine relativ konstante Temperatur von nicht mehr als 3 °C garantiert ist. Die Fische sollten aber zuvor einzeln in Alufolie verpackt werden.

Was passt zum Räucherfisch?

Zum Fisch aus dem Rauch passt sehr gut Schwarzbrot und dazu ein Gläschen eisgekühlter Aquavit oder gar Champagner. Wer geräucherte Forelle genießen will, sollte natürlich auch geriebenen Meerrettich oder Sahnemeerrettich, beim Räucherlachs auch eine Senf-Kräuter-Soße nicht vergessen.

Vor dem Essen kann man den Fisch nochmals leicht im Backrohr, auf Folie gelegt, anwärmen, um den Räuchergeschmack zu intensivieren. Zugleich erreicht man damit, dass sich der Fisch beim Essen leichter enthäuten beziehungsweise entgräten lässt.

Im Tiefkühlschrank hält sich der in Alufolie oder vakuumverpackte Fisch erfahrungsgemäß bis zu 3 Monate ohne größeren Geschmacksverlust. Das setzt Temperaturen von wenigstens –22 °C voraus. Vor dem Einfrieren sollte das Gefriergut mit Verfallsdatum etikettiert werden. Das Auftauen geschieht am besten im Kühlschrank und dann bei Raumtemperatur. Wie der im Kühlschrank oder in der kühlen Vorratskammer aufbewahrte sollte auch der gefrorene Fisch vor dem Verzehr leicht angewärmt serviert werden, um so den Eigengeschmack zu intensivieren.

Fischrezepte

Geräucherte Aale nach fränkischer Art

Die Aale werden getötet und mit trockenem Sand, Torf oder Zeitungspapier abgeschleimt. Danach werden sie vom After bis etwa 1 cm vor dem Unterkiefer aufgeschnitten und ausgenommen. Anschließend schlitzt man den Aal in Richtung Schwanzende nochmals 2 bis 3 cm, um den dort sitzenden Pfropfen zu entfernen.

Die Aale werden abgewaschen und stark eingesalzen. Auf 5 kg Aal kommen etwa 500 g Salz. Nach etwa 40 Minuten werden die Aale unter fließendem Wasser abgespült, um vom Salz gelösten Schleim und das Salz selbst zu entfernen, weil sonst die Aale beim Räuchern leicht grau werden. Besonders die Kiemenlöcher müssen gut ausgedrückt und ausgewaschen werden, da sich gerade hier stets eine Menge Schleim festsetzt.

Danach werden die Aale entweder vom Einschnitt am Unterkiefer her oder durch das Maul oder aber durch die Augen aufgespießt. Als zusätzliche Sicherheit können die Haken etwa 8 cm unter dem Kopf in die Rückengräte eingedrückt werden.

Während die Aale noch in der Luft trocknen, wird das Feuer im Ofen angezündet. Wenn das Holz hell brennt, werden die aufgespießten Aale von oben her in den Räucherschrank eingehängt und der Deckel wird aufgelegt.

Wenn sich die Bauchlappen von alleine weit öffnen und sich im Nacken kleine Querfältchen zeigen, ist das ein sicherer Anhaltspunkt, dass der Fisch gar ist.

Geräucherte Forelle (Südtirol)

Bach- wie Regenbogenforellen werden 24 Stunden lang in einer schwachen Lake aus Salz, Pfeffer, Wacholder und Dill eingebeizt. Das Räuchern erfolgt anschließend im Heißräuchergerät bei Temperaturen von 150 bis 180 °C etwa 15 bis 20 Minuten lang.

Geräucherte Forellen werden in vielen Gegenden als Spezialität angeboten. Natürlich hat jede Region ihr eigenes Geheimrezept.

Als Beilagen passen Sahnemeerrettich, Toast und Butter sowie ein Grüner Salat.

Bayerwaldforelle

Ob Bach- oder Regenbogenforelle, hier kann nichts schief gehen. Portionsforellen mit einem Gewicht von 250 bis 300 g eigenen sich am besten – ganz gleich, ob über dem Feuergraben, in der Räuchertonne oder im Räucherschrank geräuchert wird.

Viele Waldler schwören auf Glut und Rauch aus Feuer mit dem rötlichen Erlenholz. Wichtig und nicht zu vergessen: Forellen sollen nach zwölfstündigem Einlegen in die Lake gut abtropfen und dann am besten mit einem Küchentuch abgerieben werden. Lake für etwa 15 Forellen:

- 15 l Wasser
- 150 g Salz
- 2 Zitronen, in Scheiben geschnitten
- ½ Teel. Pfeffer
- 1 Päckchen Fischgewürz (5 bis 10 g)
- 1 Päckchen Sauerbratengewürz (reine Geschmackssache!)

Die Heißräucherung erfolgt bei 150 bis 180 °C und sollte 20 Minuten in Anspruch nehmen.

Als Steckerlfische lassen sich traditionell Makrelen, aber auch Forellen zubereiten.

Heiß-Trockengeräucherte Forellen nach Schweizer Art

Forellen ausnehmen, gut spülen. Trockensalzen, das heißt rundum und in der Bauchhöhe gut einsalzen. Für 100 g Fisch rechnet man etwa 5 bis 10 g Salz. In ein längliches Gefäß legen. Fische von 200 g 2 Stunden, von 300 g 2½ Stunden und von 400 g 3¼ Stunden in der entstehenden Lake liegen lassen.

Andere Möglichkeit: Nasssalzen. Dazu die Lake anrühren; 1,5 l Wasser für 1 kg Fischgewicht. 300 g Salz pro Liter Wasser bei einer Einlegezeit von 2 Stunden, 100 g Salz pro Liter Wasser bei einer Einlegezeit von 10 Stunden. Die eingelegten Fische müssen ganz mit Lake bedeckt sein.

Anschließend die gesalzenen Fische sauber nachreinigen und abtrocknen. Fische anschließend trocknen lassen. Räucherzeit 1 bis 1½ Stunden. Die Fische sind gar, wenn das Fleisch aus der herausgezogenen Rückenflosse weiß, also nicht mehr glasig ist. Fische hängend auskühlen lassen.

Heilbutt

Auch Heilbutt eignet sich zum Trockensalzen. Je 100 g Fisch nimmt man etwa 5 g Salz. Fischgewürz dazugeben und, in zwei Finger dicke Schei-

Selbst geräucherter Lachs ist eine besondere Köstlichkeit.

ben geschnitten, heiß räuchern. Bei einer Temperatur von 150 bis 180 °C im Heißräucherofen dauert dies etwa 25 Minuten.

Heißgeräucherte Miesmuscheln

Muscheln gut waschen und abbürsten. Auf das Tropfblech eines Heißräucherofens legen und mit Öl beträufeln. Salz, Pfeffer und Zwiebeln über die Muscheln geben und mit einer Tasse Weißwein begießen. 30 bis 50 Minuten bei 180 °C räuchern.

Karpfen

Es ist nicht möglich einen großen Karpfen in einem Stück zu räuchern. Daher empfiehlt es sich, den Fisch entweder, und das in der Regel, längs zu teilen, oder ihn in Rundstücke zu zerlegen. Anschließend sollen die Fischteile nochmals gesäubert und gewässert werden. Wer sich nicht mit einer 1 : 10-Salzlake begnügen will, kann dem handelsüblichen Fischgewürz noch Knoblauch, Zwiebeln und Pfeffer beigeben. Das Einlegen sollte zwischen sechs und zwölf Stunden dauern. Es empfiehlt sich Heißräuchern bei Temperaturen von 150 °C. Damit bekommt man den Fisch im Heißräucherofen in gut einer Stunde gar.

Räucherlachs

Die Zubereitung des „Königs der Räucherfische" ist eines der vielen Geheimnisse der großen Fischräucheranstalten. Zuerst wird der Lachs filetiert, so dass zwei Hälften ohne Gräten entstehen. Je nach Größe empfiehlt sich langes Trockensalzen von zehn oder mehr Stunden (siehe Seite 90). Manche Spezialisten ergänzen das grobe Salz noch mit etwas Zucker. Um den Eigengeschmack nicht zu beeinträchtigen, kann auf weitere Gewürze verzichtet werden. Beim Kalträuchern über mehrere Tage dürfen die Temperaturen 30 °C nicht übersteigen. Vorsicht auch bei extremen Außentemperaturen, wenn das Räucherhäuschen der Sonne ausgesetzt ist.

Makrelen

Die durch das Münchner Oktoberfest bekannt gewordene Spezialität des „Steckerlfisches", einer am schräg stehenden Spieß gegrillten Makrele (siehe Foto Seite 108), kann auch im Räucherofen hergestellt werden. Nach dem Reinigen und Trocknen der Makrelen werden diese innen und außen mit grobem Salz bestreut und hinter dem Kopf auf Räucherstäbe gespießt. Bei starkem Feuer mit Holzscheiten, welches mit Sägemehl abgedämpft werden kann, dauert der Grill- und Räuchervorgang ca. 30 bis 45 Minuten, je nach Größe der Makrelen. Nachdem die Fische goldbraun und gar geworden sind, können sie nochmals nachgesalzen werden.

Heißgeräucherte Scholle oder Seezunge

Scholle oder Seezunge ausnehmen und in eine Lake aus 1 l Wasser, 2 Esslöffeln Salz, 1 Esslöffel Zucker, 2 Esslöffeln Essig einlegen. Innen und außen würzen, mit etwas Zitronensaft, Petersilie und gewürfelten Speckstreifen belegen. Auf den Flachrost legen. 15 bis 20 Minuten bei 150 °C räuchern.

Beizen statt Räuchern

Eine Alternative zum Räuchern ist das Beizen, für das sich besonders gut der Lachs eignet, der dann unter der Bezeichnung „Graved Lachs" im Handel erhältlich ist. Aber auch Forellen- und Makrelenfilets sind, richtig gebeizt, wirklich sehr delikat.

Graved Lachs

Die gesäuberten, ungehäuteten Lachsfilets werden mit einer Pinzette von den restlichen Gräten befreit und auf den Innenseiten mit einem Gemisch aus Salz und Zucker (Verhältnis 2 : 1) kräftig bestreut, eine Portion grober Pfeffer darf nicht fehlen. Man kann den Fisch mit einem Schuss Cognac beträufeln, bevor man ihn zum Schluss mit reichlich grob gehacktem Dill belegt. Gartenfrischer Dill ist zu bevorzugen.

Die so vorbereiteten Lachsfilets werden mit den Innenseiten aufeinander gelegt und fest in eine Folie gewickelt, damit die später entstehende Beize nicht auslaufen kann.

Der Fisch muss nun mit einem Brett und Gewicht beschwert zwei bis drei Tage an einem kühlen Ort, am besten im Kühlschrank, garen. Dabei sollte man ihn nach jeweils 12 Stunden wenden.

Die fertigen Filets werden, nachdem man die Gewürze weitgehend abgestreift hat, gegen die Haut in dünne Scheiben geschnitten.

Gebeizte Forellenfilets

Forellenfilets werden in gleicher Weise wie Lachs gebeizt, allerdings reichen zum Garen für den viel kleineren Fisch ein bis zwei Tage aus.

Gebeizte Makrelenfilets

Die vorbereiteten Makrelenfilets werden in ein schwaches Essigwasser (6 Esslöffel Weinessig auf 1½ l Wasser) eingelegt und acht Stunden kühl gestellt.

Schwarze Pfefferkörner, Korianderkörner, Wacholderbeeren und einige Pimentkörner werden im Mörser zerstoßen und die trockengetupften Filets damit bestreut. Darauf kommt reichlich grob gehackter Dill, den man leicht andrückt. Salz und Zucker werden, im Verhältnis 1 : 1 gemischt, darüber gestreut.

Die weitere Verarbeitung ist gleich wie beim Lachs, die Garzeit beträgt jedoch nur noch 24 Stunden. Besonders gut schmeckt die gebeizte Makrele mit Zwiebelringen zu kräftigem Landbrot.

Wenn auch bei den Fischen das Räuchern gänzlich der Notwendigkeit der Haltbarmachung entsprang, so wird der Gourmet heutzutage den geräucherten Fisch vor allem wegen seiner geschmacklichen „Aufbesserung" bevorzugen. Und den höchsten Genuss kann man dem Fischeräuchern dann abgewinnen, wenn das Räuchergut direkt aus dem Räucherofen auf den Tisch kommt, denn dann geht wirklich kein Aroma verloren. Zugleich wird vermieden, dass der Fisch zu „strohig" genossen werden muss. Und auch die goldgelbe Farbe hat beim Frischgeräucherten ihren edelsten Glanz.

Verzeichnisse

Wo man Räuchern lernen kann

Räucherkurse werden von verschiedenen Institutionen angeboten. Fragen Sie bei den Landwirtschaftsministerien der Länder an oder bei Ihrem lokalen Sportfischereiverein.

Weitere Informationen über Räucherware

CMA
Centrale Marketing-Gesellschaft der deutschen Agrarwirtschaft mbH
Koblenzer Str. 148
53177 Bonn
Tel.: 0228/847-0
Fax: 0228/847-202
E-Mail: info@cma.de
Internet: www.cma.de

Deutscher Fleischer-Verband
Kennedyallee 53
60596 Frankfurt am Main
Tel.: 069/63302-0
Fax: 069/63302-150
E-Mail: info@fleischerhandwerk.de
Internet: www.fleischerhandwerk.de

Bund für Lebensmittelrecht und Lebensmittelkunde e.V.
Godesberger Allee 142–148
53175 Bonn
Tel.: 0228/81993-0
Fax: 0228/81993-77
E-Mail: bll@bll-online.de
Internet: www.bll-online.de

Bundesverband der Deutschen Fischindustrie und des Fischgroßhandels e.V.
Große Elbstr. 133 II
22767 Hamburg
Tel.: 040/381811
Fax: 040/3898554
E-Mail: bvfisch@t-online.de

Im Internet unter
www.schinken.de
finden Sie Informationen zu den bekanntesten Schinkensorten, Schinkenrezepte usw.

Bezugsquellen

Räuchermittel, Rauchentwickler und Räucherhaken

AGK Kronawitter GmbH
Industriegelände 1
94522 Wallersdorf
Tel.: 09933/469 oder 8322
Fax: 09933/8570
E-Mail:
kronawitter@agk-kronawit ter.de
Internet: www.agk-kronawitter.de

Spezialunternehmen für Fischereibedarf, Universalräuchergeräte, umfangreiches Zubehörsortiment (auch Räuchermehl). Geräte in Standardausführung in Nirosta, speziell Aalräuchergeräte. AGK-Räuchergeräte für alle Ansprüche und Mengen, diverse Betriebsarten wie Elektro, Gas, Holz.

Balzer GmbH
Spessartstr. 13
36341 Lauterbach
E-Mail: info@balzer.de
Internet: www.balzer.de

Universal-Räucherofen für bis zu 10 Portionsforellen bzw. -makrelen, Räuchergewürze, Trockenmischung für Beize, Räuchermehle, Räucherhaken.

Beelonia GmbH
Warendorfer Straße 1
48361 Beelen
Tel.: 02586/275
Fax: 02586/1695
E-Mail: info@beelonia.de
Internet: www.beelonia.de

Räuchergeräte für Hobby, Neben- und Kleinerwerb, für 10 bis 400 Fische, Holz-, Gas- oder Elektro-Ausführung.

Feinwerkmechanik H. Holthusen
Hartmut Holthusen
Breslauer Straße 14
26215 Wiefelstede
Tel.: 04402/988414
Fax: 04402/988415
E-Mail: info@raeucherhaken.de
Internet: www.raeucherhaken.de

Räucheröfen, Räucherhaken, Fleischerhaken, Räucherzusätze, Filettiermesser, Räucherbeutel (Gewürze für Laken und für Räuchermehle)

Hans Grassl GmbH
Fischereibedarf
Waldhauser Straße 8
83471 Schönau am K.
Tel.: 08652/3192
Fax: 08652/63608
E-Mail: kontakt@hans-grassl.de
Internet: www.hans-grassl.de

Räuchergeräte und Räucherschränke zum Kalt-, Warm- und Heißräuchern aus verzinktem oder aluminiertem Stahlblech oder in Edelstahl. Gas-, holz- oder elektrisch betrieben. Raucherzeuger und Allgas-Einbaubrenner. Gewürze und umfangreiches Zubehörangebot. Fischbetäubungsgeräte.

Fischerei & Jagd Höller
Max Riedler
Kammerhofgasse 6
A-4810 Gmunden
Österreich
Tel.: 0043 7612/64222
Fax: 0043 7612/6422220
E-Mail: hoeller.fischerei-jagd@aon.at
Internet:
www.hoeller-fischerei-jagd.com

Räucher- und Grillräucheröfen verzinkt oder aus rostfreiem Stahl, mit Sichtfenster, für Heiß- und Kaltrauch, elektrisch beheizbar. Kapazität bis 20 Forellen, mit Aalunterbau zum Räuchern von Aalen oder Räuchern in 2 Etagen bis 40 Forellen.

Mirella-Räuchergeräte
HOSTO Stolz GmbH & Co. KG
Am Seelbach 1
57290 Neunkirchen
Tel.: 02735/7831-0
Fax: 02735/783181
E-Mail: info@mirella-gourmet.com
Internet: www.mirella-gourmet.com

Elektrische Gar- und Räuchergeräte aus Edelstahl zum vielseitigen Einsatz für Angler, Haushalte und Gastronomie. Gewürze für Fisch und Fleisch (Wacholderräuchermehl), spezielle Roste.

W. Niedermeier (Hersteller Supersmoker)
Landsberger Straße 356
80687 München
Tel.: 089/5808074
Bezug Supersmoker über:
F. Gees Angelgeräte
Buttermarkt 5–7
50667 Köln
Tel.: 0221/237192

Supersmoker de Luxe für Fisch, Wild; Räucherbehälter feinemailliert, 2 Grillroste, Brennergestell mit Brennerschale schützt vor Wind, deshalb ideal für Camping, Jagd, Fischerei usw.

OSSA Räuchergeräte
Linnwiese 1A
57299 Burbach
Tel.: 02736/6130 oder 6660
Fax: 02736/6655
E-Mail: office@heliasmoker.de
Internet: www.heliasmoker.de

Elektr. Druckkammer; Grill- u. Räucherofen aus Edelstahl mit Thermostat zum Kalt- und Heißräuchern für Hobby und Gastronomie. Zubehör: Räuchermehl, Gewürze, Roste.

Schich GmbH B. P. V.
Im Felde 17
27574 Bremerhaven
Tel.: 0471/34014
Fax: 0471/32089
E-Mail: SchichGmbH@aol.com
Internet: www.schich.de

Räucheröfen ab 30 Fische, Industrieräucheröfen, Zubehör.

moki-Räuchertechnik
Von Galenstr. 31
49624 Löningen
Tel.: 05432/9046-64 oder
0170/3157907
Fax: 0241/8869364
E-Mail: smoki-shop@smokiofen.de
Internet: www.smokiofen.de

Räucherofen in bewährter Bauweise in Kohle-, Gas-, und Elektrobefeuerung sowie Zubehör.

Literaturverzeichnis

Allgemeine Fischerzeitung (agf): Ausgabe Nr. 7, April 1984.

Bayrle, H. und Heintges, F.: Versorgung und Verwertung von Fisch. Heintges Lehr- und Lernsystem GmbH, Marktredwitz 1986.

Binder, E.M.: Fische selbst räuchern. Verlag Eugen Ulmer, Stuttgart 2001.

Bräckle, I., Karch, B. und Schindler, I.: Fleisch, Wurst und Schinken verarbeitet und hausgemacht. BLV-Verlagsges.mbH., München 1985, 2. Aufl.

Eckert, A. und Eckert, G.: Selbst räuchern, Fische, Fleisch und Wurst, 100 Rezepte. ECON-Ratgeber. ECON-Verlag GmbH, Düsseldorf 1987.

Fink, H.: Südtiroler Küche. Tisch und Keller im Laufe der Jahrhunderte. Verlagsanstalt Athesia, Bozen 1980.

Gahm, Bernhard: Würste, Sülzen, Pasteten selbst gemacht. Verlag Eugen Ulmer, Stuttgart 2002.

Gahm, Bernhard: Hausschlachten. Schlachten, Zerlegen, Wursten. Verlag Eugen Ulmer, Stuttgart 2002.

Heintges, F.: Räuchern von Angelfischen. Institut für moderne Lehr- und Lernmethodik, Marktredwitz o. J.

Fa. Hosto, E. Stolz GmbH, Neunkirchen. Rezepte und Tipps für Genießer: Leitfaden für das elektrische Garen. Neunkirchen o. J.

Lebensmittelrecht. Verlag C. H. Beck, München 1997.

Lips, P. und Beutner, G.: Ratgeber Lebensmittelrecht. DTV-Beck, München 2000.

Niedermeier, W.: Feinschmecker-Rezepte für Fisch, Fleisch und Wild im NDM-Super-Smoker. Selbstverlag, München o. J.

Oetkers Lexikon A–Z Lebensmittel und Ernährung. Ceres-Verlag Rudolf August Oetker KG, Bielefeld 1983, 2. Aufl.

Prändl, O. (Hrsg.): Fleisch. Technologie und Hygiene der Gewinnung und Verarbeitung. Verlag Eugen Ulmer, Stuttgart 1988.

Rehbronn, E. und Ruthkowski, R.: Das Räuchern von Fischen. Verlag Paul Parey, Hamburg/Berlin 1985.

Schmidt, K.-F.: Schinkenräuchern, das neue Hobby. Verlag Paul Parey, Hamburg/Berlin 1984.

Straub, E.: Die bäuerliche Hausschlachtung. Donau-Kurier, Ingolstadt o. J.

Tóth, L.: Chemie der Räucherung. Wissenschaftliche Arbeitspapiere. VCH-Verlagsgesellschaft mbH, Weinheim 1983.

Tria-Tritschler, Apparate- und Maschinenbau GmbH: Fisch- und Fleischräucherrezepte. Selbstverlag, Mömbris o. J.

Ullsteins Gourmet-Journal. Hamburg, Ausgabe Oktober 1981.

Wolff: Veterinär-Vorschriften. Verlag für Verwaltungsvorschriften Franz Rehm, München 1988.

Zedler, J. H.: Großes vollständiges Universal-Lexikon aller Wissenschaften und Künste. Unveränderter Nachdruck der Ausgabe Leipzig und Halle 1732–1750. Akademische Druck- und Verlagsanstalt, Graz 1961–1964.

Bildquellen

Hans Adler OHG, Bonndorf: Seite 16
Liesl Biber, A-Bisamberg: Seite 6
CMA-Fotoservice: Seite 28
Ulrich Kerth, München: Seite 1, 4, 90, 110
Hosto Stolz GmbH, Neunkirchen: Seite 10
Teubner Foodfoto GmbH, Füssen: Seite 74/75
Fridhelm Volk, Stuttgart: Seite 3 unten (11, 82), 7 (69), 8, 12, 49, 67, 77
Ingo Wandmacher, Hamburg: Seite 2 (64), 3 oben (95), 5 (62), 27, 46/47, 55, 57, 64, 83, 84/85, 96, 101, 102, 109

Alle anderen Fotos stammen vom Autor.

Umschlagbilder:
Egon Binder: Umschlagrückseite Mitte
Ulrich Kerth, München: Umschlagrückseite rechts
Hosto Stolz GmbH, Neunkirchen: Titelseite kleines Bild rechts
Teubner Foodfoto GmbH, Füssen: Titelseite großes Bild
Fridhelm Volk, Stuttgart: Titelseite kleines Bild links, Titelseite kleines Bild Mitte
Ingo Wandmacher, Hamburg: Umschlagrückseite links

Die Zeichnungen fertigte Joannis Selveris, Kernen, nach Vorlagen des Verfassers.

Haftung:
Autor und Verlag haben sich um richtige und zuverlässige Angaben bemüht. Fehler können jedoch nicht vollständig ausgeschlossen werden. Eine Garantie für die Richtigkeit der Angaben kann daher nicht gegeben werden. Haftung für Schäden und Unfälle wird aus keinem Rechtsgrund übernommen.

Bibliografische Information der Deutschen Bibliothek
Die Deutsche Bibliothek verzeichnet diese Publikation in der Deutschen Nationalbibliografie; detaillierte bibliografische Daten sind im Internet über http://dnb.ddb.de abrufbar.

Wollgrasweg 41, 70599 Stuttgart (Hohenheim)
E-Mail: info@ulmer.de
Internet: www.ulmer.de
Umschlaggestaltung: Bettina Bank, Heidelberg
Lektorat: Anke Ruf, Ina Vetter
Herstellung und DTP: Thomas Eisele
Druck und Bindung: aprinta, Wemding
Printed in Germany

ISBN-13: 978-3-8001-5084-7
ISBN-10: 3-8001-5084-0

Register

Selbermachen – da weiß man was drin ist.

In diesem Buch erfahren Sie alles über Brot und seine Herstellung. Außerdem erfahren Sie darüber hinaus alles Wissenswerte über Brot, vom Getreide bis zur Lagerung. Köstliche Rezepte runden diesen kompakten Ratgeber ab.

Brot backen.
M. Merzenich, E. Thier.
3. Aufl. 2003. 128 S.,
62 Farbf., 21 sw-Zeichn., kart.
ISBN 3-8001-3878-6.

Räuchern macht Spaß und schmeckt gut. Das Buch ist ein Leitfaden, der sich vom Fangen der Fische über das Vor- und Zubereiten bis hin zum Bau von Räuchervorrichtungen mit der ganzen Palette des Räucherns beschäftigt.

Fische selbst geräuchert.
E. Binder. 2001. 105 Seiten,
54 Farbfotos, 12 Zeichn., kart.
ISBN 3-8001-3239-7.

Kräuter geben vielen Gerichten erst den richtigen Pfiff und machen auch optisch viel her. Alles Wichtige über Kräuter und jede Menge Rezepte machen dieses Buch für Hobbyköche unentbehrlich!

Kochen mit Kräutern.
R. Volk, F. Volk. 2002.
127 Seiten, 127 Farbfotos, kart.
ISBN 3-8001-3273-7.

Ganz nah dran. Ulmer